52

MANERAS
DE CULTIVAR
LAS HABILIDADES
NATURALES
DE SU HIJO

T0321574

MANERAS

DE CULTIVAR

LAS HABILIDADES

NATURALES

DE SU HIJO

KENNETH L. LUCK

GRUPO NELSON

Una división de Thomas Nelson Publishers

Desde 1798

NASHVILLE   DALLAS   MÉXICO DF.   RÍO DE JANEIRO

Título en inglés: *52 Ways to Nurture Your Child's Natural Abilities*
© 1994 por Stephen Arterburn y Kenneth L. Luck
Publicado por Thomas Nelson, Inc.

Traducción: *Leticia Guardiola*

ISBN: 978-1-60255-638-6

♪ Contenido

♪ Introducción

¿Recuerda el día en que trajo a su primer bebé a casa? Pasó meses anticipando ese momento, pero la realidad fue mucho más intensa que sus sueños. Al mismo tiempo, con la llegada de su bebé llegó la hermosa y bendita certeza de que se le había otorgado un increíble regalo.

El dulce aliento de un recién nacido puede originar vislumbrantes y prolongados pensamientos. Con frecuencia, estas reflexiones nos llevan a postrarnos de rodillas y producen oraciones sencillas de profundo sentimiento, tales como: «Dios, ayúdame a hacer aquello que sea lo mejor».

Guiar a su hijo hacia el conocimiento pleno de sus intereses personales, de sus destrezas y de sus habilidades físicas y mentales es la tarea del tiempo y del amor, no del egoísmo. De la misma manera que existen formas sanas de crear ambientes para el desarrollo de su hijo, también hay métodos insanos que tienen muy poco o nada que ver con sus intereses en relación con los designios egoístas del padre y la madre. Evalúa sus motivaciones.

Las ideas contenidas en este libro se ciñen a una sencilla premisa. Y esta es que el mejor aprendizaje ocurre en el contexto de la experiencia conjunta. Algo especial sucede cuando un adulto abandona la posición paternal para situarse a la par del pequeño. En ese momento, el padre o la madre entran al mundo de su hijo. Su meta como padre o madre deberá ser encontrar algunas formas creativas de capitalizar el potencial mental y emocional de su hijo.

A medida que lea encontrará ayudas para que su hijo se destaque y forme parte del equipo adecuado. Las actividades con su hijo deben servir para despertar su entusiasmo por aprender y a la vez suplirle de una dosis saludable de confianza y autoestima. Cada una de las actividades importantes que se explican en este libro ayudan a construir la relación del padre y la madre con su hijo o hija, y a cubrir sus necesidades emocionales.

En una era en que las madres y los padres luchan contra la tecnocultura para ser la influencia primaria en la vida de sus pequeños, *52 formas de cultivar las habilidades naturales de su hijo* es un gran recurso no tecnológico preparado para ayudarle a ganar terreno. Aunque el papel de la tecnología es plausible no se le debe confiar la labor de crear o afirmar los valores de una pequeña vida en desarrollo. Las experiencias contenidas en este libro tienen el propósito de enviar mensajes así como de crear algunos gérmenes útiles de interés. Sin embargo, los mensajes se sienten más de lo que se escuchan. Se captan más de lo que se aprenden. Y con el paso del tiempo habrán de contribuir en quién llegue a ser su hijo.

Las experiencias intensas de la niñez forjan las bases para las actitudes, sentimientos y acciones que perdurarán a través de toda la vida. Es mi esperanza que las experiencias de este libro sirvan para estimular el pensamiento y las conductas que impulsen hacia el desarrollo de un interés positivo por los demás, la apreciación por la vida, el amor y un firme sentido de identidad.

1 ♪ Una orquesta de sonido

Cante En el subconsciente de millones de adultos habita un músico, inquieto y al acecho, aguardando la oportunidad de actuar. Si dudas de que esto sea cierto le será difícil discutir lo contrario. Los japoneses fueron los primeros en confirmar la existencia de nuestro deseo escondido por la actuación musical cuando iniciaron la moda de los clubes nocturnos «karaoke». Uno de los empresarios tuvo el valor suficiente como para atreverse a desafiar al público presente para que subiera al escenario y cantara, ante la audiencia de amigos y amigas, acompañados por una banda musical. El reto que, de manera velada, se estaba lanzando era: «Vamos, venga acá, ¡soprano que canta en la ducha! Yo sé que ama la música. Esta es su oportunidad en medio de esta constelación exclusiva de estrellas». La respuesta confirma lo que todos sabíamos. Y es el hecho de que la música tiene un lugar muy especial en cada cultura.

Toque Y mientras que «karaoke» pone un énfasis en el cantar, hay muchos más millones de personas que en realidad lo que desearían es poder *tocar* música. Es cierto que admiramos a los músicos. En nuestra mente decimos: «Jamás podría hacer lo que ellos hacen». Quizá hasta nos lamentemos de que nuestros padres no nos hayan hecho interesar de pequeños en un instrumento musical. Habría sido bueno, pensamos, que al menos se nos hubiera dado la oportunidad de aprender y tocar, sin importar cuán bien o mal pudiéramos haberlo hecho. En consecuencia, como esos años ya se fueron y el tiempo es limitado, la mayoría de nosotros nos conformamos con llevar el ritmo de la música con el pie o imitar el que estuviéramos tocando nuestro instrumento favorito.

Sin embargo, puede desafiar musicalmente a su hijo de manera especial, que sea divertido para usted y que despierte su interés.

Pasos hacia la música   Vayan a una tienda de música, a la biblioteca o a una librería, y seleccione un libro con explicaciones y dibujos de distintos instrumentos.

Lleve el libro a casa y pase un buen tiempo con su hijo viendo los diferentes instrumentos. Compruebe su interés respecto a cuál instrumento le gusta más o cuál de ellos le gustaría escuchar. Pregúntele: «¿Si pudieras ser un instrumento musical, cuál elegiría? ¿Por qué?»

Si le es posible compre un disco o un casete en el cual se resalte el instrumento que su hijo seleccionó, para que de esa manera se familiarice con su sonido.

Vaya a una tienda de instrumentos musicales y si lo permiten, pida tocarlo. Si tiene suerte, quizá haya alguien en la tienda que lo toque, escuchar el sonido. Si el instrumento que eligieron es una guitarra, un bajo o una batería, tiene más posibilidades de que alguien en la tienda lo pueda tocar.

El siguiente paso es ver un concierto en vivo donde se use el instrumento que le interesa a su hijo. En el periódico de su localidad puede haber una guía de actividades y conciertos. En muchas de las escuelas se ofrecen actividades musicales gratuitas, como una oportunidad para que sus estudiantes demuestren sus talentos musicales.

Finalmente, y después de una cuidadosa consideración y evaluación de su parte, explore las posibilidades de alquilar o comprar el instrumento, y haga los arreglos pertinentes para unas lecciones introductorias.

Todos estos pasos, con excepción del último, requieren una inversión financiera mínima y representan un pequeño viaje al interior del mundo de la música y del mundo de su hijo. Después de esto, al menos habrá creado memorias, y habrá expuesto a su hijo de manera significativa ante un idioma universal. Quizá descubra que lo que es un sueño para la mayoría de la gente puede llegar a ser una realidad para su pequeño músico en proceso.

2 ♪ Nace una estrella

Algunos niños son por naturaleza extrovertidos, mientras que hay otros mentalmente expresivos pero exteriormente tímidos. Unos niños disfrutan siendo el centro de atención, mientras que otros prefieren la seguridad del anonimato. Cuando llega el momento de tomar fotos, uno corre para ponerse en el centro del escenario mientras que al otro se le debe persuadir a que participe y asegurarle que sólo será cuestión de un momento. Quizá se pueda identificar fácilmente con alguna de estas descripciones.

Este capítulo es para el padre o la madre de un hijo que le tiene poco o ningún miedo a cualquier tipo de exhibición pública. Aunque sólo algunos de nosotros llegue a ser estrellas de cine o televisión, también es cierto que las oportunidades intencionales de actuar pueden ser una experiencia educacional y de gran valor para los pequeños dotados de personalidad sobresaliente. Los elementos clave para esto son una entusiasta audiencia, materiales sencillos y un representante que trabaje con la estrella.

Prepárese   Pregúntele a su hijo si estaría interesado en aprender algunas canciones que usted le podría ayudar a presentar delante de la familia con un equipo de sonido de verdad. Es posible que su hijo ya sepa algunas canciones que podría presentar con un poco de ensayo. Las opciones que tiene pueden variar desde cantar a la par con un simple casete de canciones, o usar una pista, dependiendo de la edad del niño.

Lleve a su hijo a una tienda o librería de música para comprar la selección que desea y forme un ambiente de entusiasmo por su noche de debut.

Ponga a su hijo a practicar sus canciones escuchándolas, leyendo las palabras y cantándolas a un cepillo o algo similar a un micrófono. Trabaje con él en la articulación de las palabras, en los ademanes o quizá con algunos pasos de baile sencillos. Hágalo o invierta su ánimo en ello. El programa deberá ser de dos a cuatro canciones, dependiendo de cuán largas sean.

Después de que su hijo haya dominado el material, será tiempo para conseguir el micrófono y el equipo de sonido. Este último puede variar desde una casetera portátil y un rollo de papel forrado con papel aluminio, o un micrófono de juguete, hasta uno de verdad. Todo depende de cuánto pueda gastar para comprar uno o del equipo que pueda conseguir prestado.

Organícese   Fije una fecha para el concierto y promueva una noche familiar; y si resulta apropiado, invite a algunas amistades y familiares. Independientemente de quiénes vayan al concierto, su labor como representante artístico es preparar a la audiencia en lo que debe hacer. La gente tiene que aplaudir por el esfuerzo, no fingir entusiasmo.

Arregle una tarima o escenario en casa usando como apoyo algunas de las cosas que ya tiene en casa tales como cortinas, luces, etc. También sería un buen detalle preparar algún tipo de publicidad con el nombre de su hijo.

El día del debut ensaye y pase tiempo con su hijo. Su presencia y entrega servirán para darle seguridad, especialmente cuando se pare frente al micrófono delante de la gente que asista.

¡Arriba el telón!   Dé la bienvenida a la audiencia, presente a la estrella del espectáculo y suba el telón.

Después del debut ofrezca una pequeña fiesta informal para la audiencia, obsequiando bocadillos y refrescos. Estos momentos serán la ocasión apropiada para presentar los elogios a la «estrella».

Planee que un miembro de la familia o alguna de sus amistades pida un autógrafo a la estrella.

3 ♪ Grandes expectativas

Hágase entrenador Un entrenador de baloncesto de escuela secundaria inició su carrera en una pequeña escuela que tenía la fama de no ganar. La escuela hasta tenía reputación de ser mediocre en el terreno de los deportes. De manera que cuando llegó el invierno y con este la temporada de juego, no se esperaba nada extraordinario por parte del grupo de muchachos que antes había formado el equipo de jugadores principiantes.

Cuando ganaron el primer juego, no hubo fanfarrias y la victoria fue poco notoria, con excepción del entrenador del equipo contrario que observaba con asombro al equipo. Movía su cabeza en señal de desconcierto. Después de obtener victoria tras victoria los estudiantes y maestros se volvieron admiradores entusiastas y se dieron cuenta del porqué entrenadores de otros equipos se unían a ellos en las graderías. Definitivamente algo había cambiado y con seguridad no había sido el nombre del equipo en las camisetas. Éste ganó veintidós juegos y su única derrota fue por un punto de diferencia.

El nuevo entrenador no era el mago Merlín, era Jerry. Y desde la primera práctica los jugadores comenzaron a sentirse diferentes consigo mismos y con sus posibilidades para esa temporada. El nuevo entrenador se había propuesto la misión de destruir la mentalidad forjada en las mentes de sus jugadores —es decir la mentalidad de tener pocas esperanzas—; sabía que si los jugadores esperaban poco de sí mismos y de los otros, no sucedería mucho en la columna de victorias. Y algo más importante que eso es que muy poco pasaría en los demás aspectos de la vida de sus jugadores. Jerry se encargó de la preparación física y además ideó un plan de juego mental y emocional. La sutil y poderosa combinación produjo resultados extraordinarios de un equipo ordinario y de modesto talento.

Los padres también están en la profesión de entrenadores. Y cuando un padre muestra apoyo al esfuerzo de su hijo, está haciendo algo bueno. Pero cuando expresa apoyo y además esperanza, está haciendo algo mucho mejor. El poder de las expectativas positivas es una herramienta que debe usar para ayudar a su hijo a que llegue a ser un ganador en el juego más importante de todos: la vida.

Algunas pautas saludables que pueden influir en sus muestras de expectación son las siguientes: *capacidad del niño, énfasis en mejorar un problema específico, impulso a las aspiraciones y una interpretación balanceada de su desempeño*.

Comprenda la capacidad del niño   ¿Qué evaluación puede hacer respecto a su hijo en base a las habilidades, intereses, competencia y destrezas que usted le *conoce*? Este conocimiento le ayudará a establecer normas más elevadas, que habrán de representar retos en lugar de imposibilidades, sobre los cuales se podrá construir en el futuro. Saber qué es lo que su hijo realmente es capaz de hacer le ayudará a guiarlo hacia ciertos objetivos. Podrá decir: «Me sorprende que te hayas sacado una C en tu examen de matemáticas. Esa calificación no va contigo. Tú realmente sabes matemáticas».

Haga énfasis en el mejoramiento   Llamar la atención en las fallas puede funcionarle por alguna temporada como herramienta motivacional, pero a fin de cuentas le debilitará como padre. Busque y promueva el mejoramiento. El axioma «siempre hay algo que mejorar» es cierto, pero el mejoramiento se debe reconocer y aplaudir para que su impacto resulte duradero.

Despierte la aspiración ¿Sabe su hijo cuáles son las aspiraciones que tiene con él? ¿Sabe él *quién* llegaría a ser (no importa cuál sea su carrera) y en qué manera es importante para usted lo que representa para él mismo? ¿Cuáles son sus aspiraciones? ¿Cómo se siente con respecto a usted y sus aspiraciones para él? El propósito de todo esto es despertar su pensamiento respecto a sí mismo y estimularlo a que formule sus metas personales.

Tenga sanas perspectivas de desarrollo Nuestra sociedad ha perfeccionado el perfeccionismo. Hoy día los modelos a seguir son los de héroes de acción, más que de carácter o de virtud. La cultura de los adultos y la de los jóvenes están luchando contra esto. La forma en que interprete el desempeño de su hijo puede tener una poderosa influencia en cuanto a quién habrá de llegar a ser y en cuanto a la forma en que piense respecto de sí mismo por el resto de su vida. Es apropiado aplaudir las victorias, los juegos ganados y las notas de excelencia, pero *es igualmente importante darse cuenta de lo que está aprendiendo su hijo y de lo que está sintiendo en relación a lo que hace*. De esta manera puede dirigirlo hacia incentivos de desempeño sanos y no hacia motivos insanos motivados por la presión. Usted mismo debe recordarse, deliberadamente, alabar los grandes esfuerzos y la fuerza de carácter.

Muchas veces lo que los niños se imaginan tener en contra en sus esfuerzos por alcanzar algo, es más sombra que sustancia. El entrenador Jerry lo sabía y desafió la mentalidad de su equipo al mismo tiempo que sus habilidades. Ellos no sabían que eran ganadores en perspectiva.

4 ♪ Llévelo a escena

Jaime jamás olvidará su tercer año de escuela primaria, no porque tuviera que hacerlo dos veces o porque se enamorara de su maestra, sino porque allí inició su carrera artística. Y a pesar de que su papel sólo requería que saliera de un salto de una enorme caja a la señal de su entrenador de los «Doce días de Navidad», el hecho de ser parte del elenco cautivó su imaginación. Al año siguiente se ganó un papel cantado, representando «Ya se está comenzando a acercar la Navidad». En la escuela secundaria su maestra de inglés le pidió que en una obra teatral de la escuela representara el papel de un emigrante escocés recién llegado.

Las representaciones frente al público y el trabajar con otras personas en estas producciones se convirtieron en los talentos de Jaime. Luego se transfirieron a otras áreas a medida que fue avanzando a la escuela superior, a la universidad y hacia su carrera de publicidad, producción cinematográfica, y comunicaciones. Lo que parecían pequeñas experiencias, con el tiempo se convirtieron en habilidades naturales. Jaime tiene mucho que agradecerle a su maestra de tercer grado por haberle dado el primer impulso.

El impulso adecuado   Algunos niños están listos para posar frente a los reflectores, mientras que otros deben trabajar un poco para adquirir confianza antes de subir al escenario. Las representaciones familiares son buenas ocasiones para impulsar a los niños. Y aun mejor, son excelentes oportunidades para trabajar junto a ellos y para que vean la representación teatral en medio de un ambiente seguro. Se puede hacer de manera sencilla, ocasional y divertida.

Una producción festiva   Elija un día festivo o una celebración cultural y seleccione una pequeña obra histórica o cultural relacionada con dicha festividad. Hay bastantes posibilidades, si toma el tiempo para buscarlas. La Biblia o los libros de consulta en las bibliotecas pueden proveerle de la información relacionada con el origen de la festividad. En las librerías puede encontrar algunos libros de leyendas o historietas y en las tiendas de videos puede encontrar películas con ideas tanto para el guión como para el vestuario.

Invite a los miembros de la familia a participar representando ciertos papeles y preparando un escenario sencillo. Trate de involucrar a su hijo en cada aspecto de la producción (por ejemplo en la actuación, escenario, vestuario, sonido, etc.).

Ensaye. Luego monte en escena la producción en la próxima reunión familiar, teniendo como audiencia a parientes y amistades cercanas.

La semilla creativa   Si bien este proyecto puede requerir algo de energía por parte suya, tiene el potencial de actuar como la semilla para otra oportunidad que quizá pueda surgir fuera de la familia, y le dé a su hijo el valor para participar. Deje que su hijo le recuerde como la persona que le dio el primer impulso.

5 ♪ Descubra y escriba sobre la naturaleza

El papá de Kevin creyó que este llegaría a ser un zoólogo debido a su gran amor por los programas de televisión sobre animales, y por su fascinación con todo tipo de criaturas, grandes y pequeñas. En sexto año de primaria, Kevin fue a acampar a las montañas, lo cual le dio una experiencia de primera mano con la naturaleza que nunca antes había tenido. En algún lugar del garage de su casa todavía tiene una caja de cartón cubierta con un plástico protector transparente, con algunos de sus hallazgos del mundo animal y vegetal. Es increíble cuán vivo está en su memoria esta pieza de colección del pasado.

El proveer a su hijo con la oportunidad de descubrir y tomar nota de la naturaleza es educacional, y puede estimular otros valores en el proceso. He aquí un plan para una aventura inolvidable.

Aprecie la creación Localice el parque regional o bosque nacional más cercano, y obtenga información general respecto a su ubicación, características naturales y vida salvaje. Es posible que la biblioteca de su localidad pueda proveerle dicha información.

Elija un día, y compre los boletos para visitar el lugar.

Seleccione un lugar especial en el parque, y provéale a su hijo un cuaderno de notas de ciencias naturales junto con una bolsa plástica sellable.

Asígnele que encuentre y describa cinco plantas, árboles, e insectos, y traiga muestras del follaje a casa para que su hijo pueda coleccionarlo (asegúrese de que el reglamento del parque permita esto; algunos no lo permiten). Pídale a su hijo que describa las cualidades de cada planta o insecto en su cuaderno de notas.

Tiempo de preguntas   Aprovechando su alrededor, y estas observaciones como su escenario, también puede descubrir y procesar cualidades que se pueden aplicar personalmente a su hijo. Estas son algunas preguntas de muestra:

- Si los pájaros estuvieran tomando notas sobre ti, ¿qué escribirían y dirían de ti en tus cuadernos?

- ¿Crees que los animales tienen preocupaciones? ¿Qué crees que es lo que les preocupa?

- Si pudieras tomar la forma de cualquier cosa de las que hemos visto durante cinco minutos, ¿cuál elegirías? ¿Qué harías durante esos cinco minutos?

El niño interior   A través de la experiencia ambiental explore la mente y los sentimientos de su hijo. Es posible que descubra algunos pensamientos diferentes respecto a la forma en que se ve a sí mismo, algunos de sus miedos, el modo en que percibe a la gente que lo rodea, y cómo se ve a sí mismo como parte del mundo. El contacto directo con la majestuosidad de la naturaleza, su complejidad, diseño, y belleza pone en marcha ciertos pensamientos que el ambiente diario simplemente no puede producir. Los grandes interrogantes de quién es él, de dónde viene, y hacia a dónde va fluyen en su mente.

Esta experiencia puede darle algunas ideas que podrá usar más tarde para enseñar, amar y afirmar aquello que es especial en su hijo.

6 ♪ Juegue al maestro

El intercambio de papeles es un juego fascinante entre los niños. Cuando los niños se reúnen a jugar, el imitar a la mamá, al papá, al médico, al cartero, al tendero, o a cualquier otro papel de adulto les proporciona horas de juego con material para manipular y procesar según su creatividad. Un niño y sus hermanas hicieron de la cocina una tienda de comestibles, y jugaban a comprar directamente de los gabinetes. Y se vistieron usando la ropa de sus padres.

Quizá nunca lo había pensado en esta manera, pero, ¿sabía que el juego involucra un elevado proceso de aprendizaje? Por ejemplo, el jugar a la casita implica definición de funciones y papeles, logros, toma de decisiones, solución de problemas, acciones independientes y asertividad, riesgo, vocabulario, y otras dinámicas interpersonales. Ciertamente, a medida que su hijo crece, disminuye el énfasis en los juegos de imitar papeles pero hay formas creativas en las que puedes resucitar esta forma de juego, y así ayudar a su hijo a procesar la información que está aprendiendo en la escuela.

Intercambiar funciones Puesto que su hijo pasa la mejor parte de su día en la escuela, la figura adulta dominante en su vida además de la del padre y la madre es la de sus maestros. En este caso, ¿por qué no invertir sus papeles y dejarlo que juegue al maestro? Es una forma útil de repasar sus materias, prepararse para los exámenes, divertirse al mismo tiempo que estudia, y a la vez exponerlo a una vocación desde la posición de ventaja del instructor.

La clase está en sesión Para generar entusiasmo por la idea, invierta en comprar una pizarra. Puede ser una pequeña, portátil, de tiza o un pizarrón de marcadores. Lo importante es crear la atmósfera con la cual su hijo pueda entusiasmarse. Si es posible, prepare un sitio aparte, un lugar especial en la casa para que sea el salón de clases, o use el sótano o el garaje.

Establezca una noche de escuela cada semana en la que su hijo pueda enseñarle durante cinco minutos algo sobre la materia que él quiera. Usted es el alumno, y su tarea es enseñarle lo que le han enseñado a él.

Cuando la clase está en sesión, él podrá hacerle preguntas, y podrá dirigir la clase en cualquier forma en que crea que podrá ayudarle mejor a entender la materia. Usted como estudiante podrá hacer preguntas también, pero estas se deben limitar a promover la instrucción por parte de su hijo como maestro.

Tiempo libre Cuando se acabe la clase, termine la sesión con alguno de sus bocadillos favoritos, y tome tiempo para hablar acerca de la materia o de la escuela en general. Anímelo en sus estudios, ofrézcale su ayuda, hágale ver sus habilidades, e indague en sus sentimientos respecto a lo que está aprendiendo. Pregúntele:

- ¿Qué es lo que más te gusta de esta materia?

- ¿Tienes próximamente algún examen?

- ¿Qué es lo que más te gusta respecto a tus profesores?

- ¿Qué es lo que más te gusta y menos te atrae acerca de la escuela?

- ¿Qué calificaciones esperas obtener en tus clases? ¿Por qué?

- ¿En qué área te gustaría recibir algo de ayuda?

Esta experiencia deberá ser divertida y uniforme para su hijo. Es una herramienta de estudio para ayudar a su comprensión de aprendizaje, y para darle una oportunidad de preguntar de manera informal acerca de sus metas educacionales y de su experiencia. Y por qué no, quizá tú termines siendo el primer estudiante que él tenga como maestro.

7 ♪ El potencial de «pásame la sal»

Los expertos dicen que el desarrollo de la capacidad de leer y escribir es proporcional a la cantidad y calidad de la práctica del lenguaje del niño en casa. Estas habilidades después se transfieren y trasladan al desarrollo escolar y más tarde a la aplicación vocacional.

La comunicación o la falta de esta en el hogar afecta la forma en que su hijo comprende, interpreta y aplica el lenguaje con los maestros, amigos, vecinos y, con el tiempo, con compañeros de trabajo. Su meta es usar la interacción familiar para el beneficio de su hijo.

Y ahora, ¿cómo puede promover estas habilidades de alfabetismo en su familia? Permítame sugerir el momento de sentarse a la mesa como un buen punto de partida.

Discuta a la hora de la cena La cena es una ocasión natural para desarrollar las destrezas mentales del niño y su habilidad de razonamiento. En el contexto de la experiencia diaria de su hijo puede proveerle tanto el cuidado mental como físico que necesita. El siguiente plan le ayudará a estimular la reflexión, a proveer el trampolín, y a crear la atmósfera para unas buenas discusiones familiares durante la cena. Pronto será un experto en entretejer respuestas con otra información e ideas, y en hacer uso de las preguntas sencillas para abrir la discusión.

Sólo pregunte Los mejores tópicos sobre los que se puede sacar información son aquellos que están revoloteando en torno a las actividades diarias de sus hijos y de otros miembros de la familia. Las posibilidades son inagotables, pero he aquí algunos ejemplos para que pueda iniciar:

- ¿Cómo te fue este día?

- ¿Qué aprendiste hoy?

- ¿Cuál es el o la maestra de tu escuela que todo el mundo prefiere? ¿Por qué?

- ¿Cuál es tu materia favorita en la escuela?

- ¿Crees que algún día te gustaría llegar a ser maestro de escuela primaria?

- ¿Qué es lo que te gustaría llegar a ser?

- ¿Quiénes crees que son los chicos más populares de la escuela?

- ¿Sabes qué fue lo que hizo el presidente el día de hoy?

- ¿Cómo le está yendo al equipo de fútbol de tu escuela?

- ¿Quién es el mejor jugador?

- ¿Hay alguien en tu escuela que tú sepas que usa drogas?

- ¿Cómo te sientes con relación a las drogas?

Estas preguntas están diseñadas para dar inicio a la plática. Las respuestas de su hijo le dará la clave de hacia dónde debe llevar la conversación. La meta es usar lo que se expresa, y mezclar la respuesta con otras ideas, información y opiniones.

Provea una atmósfera de comunicación   Considere estos consejos finales:

- Mantenga una hora regular para la cena.

- No conteste el teléfono; conecte la máquina contestadora.

- No use el tiempo de la comida para discutir algunos asuntos familiares negativos.

- No interrumpa.

- Anime a todos para que participen.

8 ♪ Cuente una historia

Nunca olvidaré mi primer día en la clase del doctor Hoggatt. Sentado allí junto a otros estudiantes graduados, anticipaba un trimestre lleno de información detallada, demasiado académica como para usarla en forma práctica. Fue entonces cuando muy gentilmente, pero con porte bastante profesional, un caballero entró al salón de clases. Era alto y delgado, con una barba gris bien cuidada, que parecía proclamar la sabiduría de su dueño. El saco tradicional y el portafolios se opacaron ante el sello de erudición: unos espejuelos redondos.

Después de haber desempacado una pila enorme de libros, se sentó de lado en su escritorio e hizo una pausa. Dobló un brazo y tomó su barbilla con la mano que le quedaba libre, y comenzó a hablar. Al principio yo no estaba seguro de lo que él estaba haciendo. Mis oídos estaban bien, pero mi mente vagaba a derecha e izquierda. Finalmente, después de diez segundos de pensamientos desordenados, mi mente pudo entender sus palabras y comencé a crear imágenes mentales. Este hombre estaba tejiendo una maravillosa historia acerca de un hombre pobre, un rabino, y su descubrimiento de la bondad de Dios a través de un tipo de pan especial. Al final de la historia los estudiantes de la clase estuvieron hablando de su éxodo mental desde el mundo antiguo de la cultura del cercano oriente. Obviamente, nos tenía en la palma de su mano.

Solamente imagine   Si bien es cierto que nos tomó a mis compañeros y a mí un buen rato para entrar en el hilo de la historia del doctor Hoggat, los niños se habrían conectado al instante con él como radar. Su imaginación no está oxidada. A cierta edad, es ahí en donde prefieren vivir. Las historias proveen un escape amigable y placentero que les permite unir personajes e imágenes. Además, las historias son una herramienta educativa poderosa. Los padres también pueden usarlas para:

- transmitir valores positivos.

- mejorar los hábitos de escuchar.

- aumentar la motivación para aprender varias materias.

- expandir su vocabulario.

- cultivar habilidades de procesamiento creativas.

Aventuras, descubrimientos, personajes coloridos, circunstancias de suspenso, decisiones críticas, objetos del pasado (¿qué es un foso?), y finales inesperados hacen del hecho de narrar historias una actividad efectiva y entretenida para estimular la mente de su hijo.

Páselo   A continuación damos algunas ideas para que realice sus propias aventuras.

Primero, elija un tipo de historia familiar. Un tema de cacería, búsqueda o rescate cautivará la atención de la audiencia.

Segundo, use el nombre de su hijo en algún punto de la historia, y deje que mentalmente siga al personaje que se enfrentará con situaciones en que la astucia y las buenas decisiones asegurarán su lugar en la historia.

Tercero, describa al héroe no sólo como alguien valiente y físicamente fuerte, sino como un personaje que tiene dudas y miedos, y que aprende a vencerlos con la ayuda de otros personajes «sabios».

Cuarto, involucre a su hijo en ciertas partes de la historia: «Y entonces el héroe se enfrentó cara a cara con _____».

Después de que termine de contar la historia, déle a su hijo tiempo para que haga preguntas y comentarios acerca de sus personajes o escenas favoritas y otras cosas que enciendan la conversación e interacción.

9 ♪ Espíritu empresarial

Chicos del comercio Memo había hecho su última canasta y su mejor jugada del partido en el parque. Mientras se dirigía hacia el auto, el calor intenso, la actividad física, y la fuente de agua descompuesta hicieron de él presa fácil de dos formidables empresarios que estaban sentados cómodamente bajo una sombrilla no lejos de él. A medida que se acercaba, Memo pudo leer en la hielera un letrero hecho a mano que decía: «Limonada 25 centavos». Fue una venta fácil, y los chicos tuvieron que pedir a su abastecedor que les supliera más limonada después de que Memo había terminado. Se habían hecho el día, o quizá hasta la semana de trabajo.

Un día, Ben y Jonatán vieron el camión del heladero dar la vuelta en la esquina, e instantáneamente sintieron una intensa ansia de comer algo dulce. Los niños del barrio desaparecían de la vista de sus padres en cantidades alarmantes durante los dos minutos siguientes a los que «el flautista encantado» sobre ruedas hacía su aparición. Habían sido testigos de este ritual de su vecindario toda su vida, pero esta vez fue diferente. Uno de los muchachos tuvo una visión.

A la semana siguiente, con la ayuda de su papá y la aprobación de la junta de vecinos, Ben y Jonatán abrieron un negocio en el patio a la entrada de su casa. Ofrecían al vecindario un menú limitado pero tentador de dulces. Ahora la dulcería BJ es un negocio ya fijo en la localidad y abre al público treinta minutos dos días a la semana después del horario de escuela.

Estos dos ejemplos quizá le traigan algunos recuerdos. Los mininegociantes son casi una parte tan familiar de nuestra cultura como lo es el béisbol, las hamburguesas y los pasteles de manzana. Los inmortalizó en lienzos el famoso artista americano costumbrista Norman Rockwell. Ver una necesidad, llenarla y hacer una ganancia razonable del servicio prestado son la esencia del comercio. Ayudar a su hijo a iniciar su propio negocio le enseñará las destrezas básicas del comercio, y además le proveerá lo que le parecerá un aumento significativo en el dinero que reciben.

Mininegocios para principiantes Al enseñarle a su hijo el inicio de una empresa, tendrá el potencial de aprender acerca de:

- multiplicar sus inversiones.

- la dinámica de la oferta y la demanda.

- costos de operación.

- margen de utilidad.

- negociaciones.

- impuestos y permisos.

- administración del dinero.

El papá de Ben y Jonatán actúa como su administrador financiero, les ofrece instrucciones y opciones en cómo pueden ahorrar e invertir sus ganancias. También se asegura de que aparten algo de sus ganancias para dar de ofrenda a la iglesia a la que asisten para que sepan tener una actitud equilibrada respecto al dinero. No sólo su participación con los chicos les enseña a aprender acerca de los negocios, sino que les ayuda a aprender los valores que son importantes para la familia.

10 ♪ La gran emoción

La pequeña Diana estaba a su lado. Olvidó todos los madrugones, las escapadas de perros callejeros y las manchas de papel periódico en sus manos. En sus manos tenía un sobre del correo con su nombre impreso que asomaba a través de la ventanilla y la dirección del remitente era la del periódico local. ¡El pequeño pedazo de papel que estaba dentro valía $187!

¿Qué iba a hacer con todo eso? La niña comenzó a tener ideas y sentimientos que nunca antes había experimentado. Pero antes de que pudiera expresar la lista de deseos del siglo, la prudente de la familia recomendó sabiamente la opción de abrir una cuenta de ahorros, y de algún modo aquella sugerencia sonó muy interesante. Sería la cuenta de Diana, y personalmente podría hacer retiros del dinero que duramente se había ganado. Y más que nada, su dinero estaría en un lugar seguro.

Entrar al mundo de las finanzas Dar el salto de una alcancía de cerdito a una cuenta bancaria puede ser una experiencia inspiradora. Llevar a su hijo a una institución financiera como un cliente más es una experiencia emocionante. Y puesto que tratar de manejar el dinero responsablemente será un factor en la vida de cada persona, hacer que comience desde temprano le enseñará algunas destrezas de la vida así como activará otros intereses.

Esta ventanilla está abierta   Lleve a su hijo al banco.

Al estar allí explíquele que está abriendo una cuenta de ahorros para él, la cual usted iniciará con una pequeña inversión. Pero será su responsabilidad multiplicar el dinero usando los fondos para iniciar su propio negocio.

Vaya al escritorio de la persona encargada de los clientes nuevos, y pídale una explicación de las responsabilidades y privilegios de las cuentas existentes.

Después de que salga del banco, vaya a comer un helado o un pastel para que le pueda explicar los principios básicos en cuanto al manejo de su dinero, tanto la libertad como la responsabilidad asociada con los depósitos, retiros, intereses, e inversiones.

Discuta con su hijo las distintas formas en las que puede multiplicar su dinero al hacer una pequeña inversión de recursos y energía. Por ejemplo podría sacar un poco de fondos, comprar algunos materiales para hacer manualidades, fabricar los artículos en casa, y venderlos en algún mercado ambulante o en alguna boutique.

Por último, hable con su hijo acerca de cómo podría ayudar a otros, donando una pequeña porción de sus ganancias para ayudar a algún niño necesitado en algún otro país, o en alguna misión local para gente sin hogares. Use esta experiencia tanto para enseñarle como para transmitirle valores positivos.

11 ♪ Conquiste el miedo, edifique confianza

Juan es un próspero hombre de negocios responsable de millones de dólares, y de centenares de personas. Es un centrado viajero frecuente, un inversionista, y un versátil superhombre de corporación. Ese fin de semana Juan había decidido llevar a los gerentes de la compañía a un pequeño viaje. Cada año acostumbran ir juntos a algún lugar—en ocasiones van dos veces al año si las ventas han sido especialmente buenas. Pero este viaje era un poco diferente y las razones para hacerlo tenían más que ver con motivación que con recompensa. Lo único que estos gerentes sabían era lo que se les había dicho que empacaran; tenían que dejar en casa el equipo de golf. La semana anterior se especuló y bromeó acerca de las posibilidades a través de faxes y comunicación interna, pero el secreto estaba seguro.

En el hotel se informó a los gerentes que iban a intercambiar sus portafolios y corbatas por mochilas y botas. Era como información de guerra. Además, tendrían que trabajar como un equipo y cualquier política de oficina tendría que quedarse en la base del campamento. En la madrugada siguiente tendrían literalmente que salir a marchar al camino, conquistar las grandes explanadas y algunas barreras personales para alcanzar su potencial como individuos y por consiguiente como compañía.

Juan tenía a todos sus gerentes participando en un programa de destrezas extramuros. Su «equipo» se enfrentaría a enormes impedimentos y miedos, y los conquistaría. El sabía que el efecto del ejercicio habría de agitar la cultura de su corporación a medida que implementaran altas metas de negocios.

La Corporación América recién se habían familiarizado con los tremendos beneficios de los programas de destrezas a la intemperie al igual que muchos padres en todo el país. Los programas mejor implementados y mejor probados están diseñados para desarrollar y enseñar a los niños. El telón de fondo de la naturaleza puede proveer asociaciones y lecciones que los escenarios tradicionales no pueden transmitir.

La magia de las actividades al aire libre   He aquí algunas de las razones de porqué los programas extramuros logran grandes avances en los niños de distintas edades:

- El poder y la emoción de una experiencia común

- Asumir riesgo individual de manera triunfante

- Logro creativo de cualquier tarea prácticamente imposible

- Ausencia de factores ambientales familiares que activen patrones negativos de pensamiento y de acciones.

- Renovar la creencia en la habilidad del individuo para confrontar, emprender y resolver un desafío

Confianza a través de la acción   Forjar una persona segura implica enfrentar los más profundos miedos e inseguridades con actividades que promuevan la autoestima, la identidad y la expresión saludable de agresividad. Las actividades al aire libre son valiosas herramientas para usted y para su hijo que los llevan a obtener avances importantísimos. Consulte revistas de recreación al aire libre, la biblioteca pública o a un guía consultor para que lo refieran al programa que más se ajuste a las características de su familia.

12 ♪ El libro de las cualidades

¿Alguna vez ha estado cerca de alguna persona que pareciera encontrar algo malo en todo? No importa en dónde esté o lo que esté haciendo, los supercríticos pueden encontrar fallas más rápidamente que una bala, saltar de un sólo brinco sobre todo lo que es bueno y producir más aire caliente negativo que una locomotora de vapor. Cuando se menciona su nombre, se siente tenso e incómodo porque esa es la sensación que tiene cuando él está a su alrededor. El pesimismo y escepticismo colorean su vida y su mundo de un gris opaco.

Primero la apreciación   Los críticos no son buenos padres. Tampoco producen hijos que tengan confianza para ser agresivos, tomar riesgos y sobreponerse a los obstáculos. Su meta como persona y especialmente como padre deberá ser aprender a reconocer y expresar la apreciación por las cualidades, actitudes y habilidades personales que vea en otros individuos. Este énfasis, con el tiempo, genera autoestima y valor en una persona y le ayuda a vencer las presiones inevitables de la vida. Este significativo proyecto le ayudará a afirmar el valor de su hijo y en el proceso proveerá una experiencia que lo podrá forjar en los años venideros.

Caleidoscopio del carácter En una hoja de papel haz una lista con las cinco cualidades o puntos más fuertes que tiene su hijo como persona. Quizá quiera tomarse una semana o dos para observar a su pequeño en las actividades diarias, para ver si puede extender la lista hasta diez.

Compre una carpeta de hojas sueltas o un diario y pegue una palabra o símbolo que refleje estas cualidades en hojas separadas. Sea creativo en su selección. Las mejores páginas serán aquellas en las que su hijo tenga que pensar en función de la palabra que ha elegido o hacer una asociación consigo mismo al interpretar lo que hay en la página.

Lleve a su hijo a caminar o a realizar otra actividad. Deje el diario sobre su cama para que lo vea cuando regrese a casa. Quizá pueda acelerar este descubrimiento diciéndole que se aliste para ir a la cama, que recoja las cosas de su cuarto, o que prepare su cama.

Una vez que encuentre el libro de las cualidades, dedique algún tiempo para explicarle lo que este y sus páginas representan, pero sobre todo, déjelo que pregunte por qué usó ciertas imágenes o palabras.

Después de que haya procesado el contenido del libro, resalte algo que pueda estar faltando en el mismo pero que con un poco de esfuerzo se le podrá añadir. Desafíe a su hijo a trabajar en el desarrollo de esa cualidad durante la semana tanto en su actitud como en su comportamiento y usted decidirá cuándo ponerla en el libro. Y podrá motivarlo a que con frecuencia revise si se ha añadido algo nuevo al libro.

¿Qué piensa su hijo de sí mismo? No importa en dónde se encuentre en el proceso de educarlo nunca es tarde o inapropiado para hablarle de sus cualidades y atributos positivos.

13 ♪ ¿Cómo funciona esto?

La curiosidad del niño tiene sus altas y bajas. En las altas se encuentra el interés saludable por aprender, tocar, abrir, comer, escarbar, capturar, correr, buscar, hacer funcionar, remover y cosas por el estilo. El lado bajo de la curiosidad es que no sabe que el horno lo puede quemar si lo toca, y que el gato lo va a arañar si le hala la oreja.

Ponga los límites ¿Qué debe hacer un padre? Por una parte, usted no quiere que su hijo piense que todo está fuera de su alcance. Pero por la otra, tampoco quiere que sus dedos y manitas se le machuquen o se le queden pegados en donde no deben. Lo cual sucederá, a menos que puedas invertir parte de su energía inquisitiva en experimentación controlada.

El objeto a descubrir puede ser algo tan simple como un juguete con partes movibles. Cualquiera que sea lo que seleccione, las claves para que aprenda y las luces a encender están en las preguntas que haga y la manera en que involucre a su hijo. Recuerde, la parte atractiva acerca del proyecto es que usted le está permitiendo un comportamiento que normalmente no se alienta.

Haga ajustes y aprenda Bajo su supervisión permítale que desarme algún objeto. Ayúdelo para que aprenda cómo funcionan las cosas. He aquí algunas ideas:

- Muéstrele a su hijo cómo funciona la batidora eléctrica. Conéctela a la pared en donde está la toma de e-l-e-c-t-r-i-c-i-d-a-d, y déjela que mezcle algunos huevos para una receta.

- Busque algo que necesite aire, como una pelota de baloncesto, de fútbol, una llanta de carro o bicicleta. Lleve a su hijo a la estación de gasolina y déjelo que sea quien use la bomba de aire.

- Quite la tapa de una radio portátil de transistores y permita que sea él quien reemplace las baterías.

- Desmantele una lámpara para reemplazar la bombilla y deje que sea él quien la vuelva a armar.

- Compre un motor modelo de combustión en la juguetería para que sea él quien lo arme. Después de que haya puesto las partes en su sitio, déjelo que reemplace algo sencillo como el filtro de aire del auto.

- Consiga un reloj despertador viejo de los de cuerda, y deje que descubra por sí solo, y aprenda qué es lo que hace tic-tac al desarmarlo y reensamblarlo.

El descubrimiento es emocionante. Lo misterioso es tentador. Y cuando los dos se combinan, hay suspenso y adrenalina. Ya sea que estos elementos se usen teatral o educacionalmente, el efecto es memorable.

14 ♪ Personajes en acción

—Querida, ¿has visto mi bata de laboratorio? —preguntó el doctor Rojas—. Creí que la había dejado sobre la silla.

—No la he visto —fue la respuesta.

—Querida —susurró el doctor—, ven a ver esto.

El caso de la bata de laboratorio perdida condujo al doctor Rojas y a su esposa al área de juego de su hijo, en su escondite. El arte de la medicina se practicaba sobre un osito de felpa con la ayuda de un estetoscopio de juguete. El paciente era examinado y recibía un sonoro consejo del joven interno.

Los pequeños y los disfraces. Son una combinación caída del cielo cuando se aparecen con sus propias ideas. Ya sea que se trate de un personaje de la historia, un oficial de policía, o un doctor, el disfrazarse transporta a los pequeños a un mundo imaginario, con intereses, decisiones y resultados imaginarios. Los chicos pueden asumir un papel por horas, representando el papel de un personaje. Estas representaciones pueden ser una gran herramienta de interacción y aprendizaje.

El baúl de disfraces Llene un baúl, un canasto de lavandería, o una caja grande con zapatos viejos, chaquetas, corbatas, camisas, toallas, sábanas, sombreros, vestidos y cualquier otra cosa que se pueda usar como parte de un disfraz.

Haga una visita a alguna tienda de artículos usados y consiga algunas novedades para completar los disfraces.

Inaugure y presente el baúl de disfraces a su hijo para que juegue solo o con sus amiguitos cuando sea hora de jugar.

Es bueno darles algunas pautas para que pongan en orden todo después de jugar. De este baúl saldrán historias reales e imaginarias, personajes y personalidades. Su hijo será quien determine *quién* habrá de salir. El elenco que surgirá vendrá del diario descubrimiento, de las lecturas, de sus intereses, actividades, e imaginación.

Entrevista con una celebridad   Una forma de aprovechar estas actividades de pasatiempo es tratar de adivinar a quién se representa y hacerle preguntas sobre el personaje que ha elegido. He aquí algunas preguntas para ayudar a la interacción entre su hijo con su personaje del día y usted:

- ¿Quién eres?

- ¿Qué haces?

- ¿A dónde vas a ir hoy?

- ¿Qué es lo que más te gustaría _____?

- ¿Ayudas a la gente? ¿A quién ayudas?

- ¿Tienes amigos y amigas? ¿Quiénes son?

- ¿Dónde vives?

- ¿Te puedo ayudar en algo?

- ¿Quieres algo de comer?

15 ♪ Padres pompón

Un juego de fútbol colegial o universitario sin una banda musical, y sin animadoras, es como una fiesta de cumpleaños sin pastel ni velitas. Ambos son elementos que forman parte del juego, y ayudan a proveer motivación al equipo y energía a la multitud de espectadores. El sonido de los miles de admiradores gritando al unísono tiene un efecto catalítico en los jugadores y en el juego. A algunos estadios se les teme porque los aficionados tienen mucho que ver con empujar a su equipo a la victoria. En una escuela en Texas, a cada admirador que entra a su estadio y que apoya al equipo de casa se le reconoce como el jugador número doce del campo, y permanece ahí hasta el final del juego.

Las animadoras y los admiradores son especialmente importantes para lograr cambios en determinado momento del juego. Es una verdadera guerra psicológica. Por eso es que se acostumbra decir que el juego no se ha acabado hasta el silbato final. Las revanchas del siglo se llevan a cabo en el terreno de juego cada otoño porque se supone que los superequipos caen vencidos a manos de los puntales del equipo contrario, y bajo la inspiración de los admiradores. Cualquier cosa puede suceder y regularmente sucede. Pero, quitemos a los admiradores y a las animadoras, y no queda nadie para quien jugar, no hay incentivo, ni catalizador para la grandeza.

Transmita aliento   Los niños que sobresalen en el juego de la vida son quienes también fracasan, pero se les alienta para que lo sigan intentando. Ellos son el producto de padres con pompones que sonríen, aplauden, animan, y ayudan a sus hijos a comprender que el éxito es el fracaso al revés. Quienes celebran el esfuerzo y la habilidad. Quienes reconocen el logro pero no lo demandan o asocian con el valor de ellos como seres humanos. Una de las mejores formas de liberar el potencial de su hijo es a través del *estímulo constante y específico*.

Hágase presente   Juanito había jugado el torneo de su vida. Cuando se hicieron las selecciones sus compañeros de equipo le susurraron al oído: «Van a decir tu nombre, Juanito». Con toda seguridad, Juanito fue nombrado para recibir su premio, pero no hubo nadie en las graderías con quien disfrutarlo, ni tampoco nadie en casa a quien realmente le importara. Rodeado de centenares de admiradores, Juanito era el niño más solo de todo el gimnasio.

Los padres que participan en los intereses de sus hijos les envían un mensaje poderoso: tú eres digno de mi tiempo. Y para los pequeños «amor» se deletrea t-i-e-m-p-o.

Ame aun en el fracaso   Todo el mundo ama al ganador. Pero, ¿qué mensajes le envía a su hijo cuando fracasa? Amar a su hijo sin tener en cuenta los resultados que obtenga tiene un importante mensaje. Significa que lo ama por ser *quien es* y no por lo que hace, lo cual es fundamental para una autoimagen positiva.

Celebre los esfuerzos y los logros   Un final brillante, un gol, un promedio excelente son cosas que se deben apreciar y aplaudir pero no deben ser el centro. En el corazón del deseo de desarrollarse al máximo se encuentra el esfuerzo. El animar a su hijo para que ponga lo mejor de sí mismo en todo lo que haga al menos le permitirá sentirse bien respecto a sus contribuciones, a pesar de los resultados.

Destaque y reconozca verbalmente las cualidades positivas Cuando los padres afirman las cualidades y talentos de sus hijos, están construyendo su confianza y seguridad para que tome más riesgos en el ejercicio de los mismos.

Estimule el asumir riesgos Anime a su hijo a que explore nuevos intereses y diversas actividades, esto le ayuda a descubrir lo que realmente le gusta disfrutar y le permite desplegar alas sobre algo nuevo. El apoyarlo, sin importar los resultados que logre, y descubrir su experiencia con respecto a un interés particular le ayudará a dar un consejo o estímulo en los años venideros.

16 ♪ Uso de apodos positivos

Cuando estaba en quinto grado, Rogelio jugaba fútbol después de la escuela con la gente de su vecindario. Lo más divertido era que participaban una mezcla de niños y adultos. Uno de lo hombres que jugaban era el señor Euler, quien era el favorito de Rogelio. Podríamos decir que tenían una relación especial. El señor Euler no era lo que se dice un gran jugador de fútbol. Ni trataba a Rogelio de manera especial. Pero él le puso al muchacho un sobrenombre, el cual en ese tiempo le hizo sentir a Rogelio especial y atlético.

Cada vez que el señor Euler veía al muchacho le llamaba por el nombre de Outa. Rogelio suponía que era sueco y significaba «rápido» o «rápido de pies». Fuera que estuviera enterado o no, el señor Euler estaba afirmando una habilidad en Rogelio que consolidó en su paso por el colegio y la universidad. Este hombre fue el primero en elogiar las habilidades físicas de Rogelio y el muchacho se apropió de tal evaluación y literalmente corrió con ella. A partir de entonces creyó que era un atleta, se involucró en varios deportes y se destacó en dos de ellos.

Usted puede ser un excelente animador de su hijo, pero las oportunidades para hacerlo pueden estar muy distantes la una de la otra. A veces las actividades o los comportamientos que pueden ser plausibles están relacionados con un horario de actividades. Una forma segura y constante de apropiarse de una fuente estable de autoestima es encontrar un sobrenombre apropiado para su hijo que se relacione con alguna cualidad positiva que posea.

Los apodos son algo que se queda con la persona. Y aunque muchas veces los chicos preferirían que los apodos desaparecieran, estos se pueden trocar en algo positivo para el desarrollo de una persona joven y para la forma en que se ven a sí mismos.

En busca del apodo apropiado Determine la característica o habilidad más sobresaliente de su hijo.

Busque la palabra que describa esa cualidad en otro idioma. Y cuando se presente el contexto para alabar o elogiar esa cualidad o habilidad de su hijo, preséntele el sobrenombre que ha elegido. Cuando sea apropiado, emplee el apodo y observe su respuesta. Si va bien con su hijo y él lo aprueba, deje que se le pegue.

Afirme lo positivo Cada vez que llame a su hijo por su apodo, está indirectamente afirmando una verdadera cualidad en él. De esta manera cultivará una conciencia positiva de esta cualidad o habilidad y, más que nada, creará nuevas oportunidades para que se afirme a sí mismo productivamente en base a quien es y no de acuerdo a lo que piensa que debe ser. Trabajar en la construcción de la confianza en sus áreas fuertes es lo que se requiere para desarrollar su potencial.

17 ♪ Festeje los cumpleaños

Los dos días más emocionantes del año para un niño son Navidad y su cumpleaños. Él pasa por el proceso sicológico así como cronológico de la cuenta regresiva. Estos son los dos días del año en que las tradiciones culturales derraman bendiciones sobre él. Y si bien cada celebración tiene sus propios méritos, el cumpleaños es único porque las energías y los esfuerzos se enfocan en una sola persona. El refrán popular «es tu día» resume bien la base para esta emoción. La anticipación de los cumpleaños por parte de los padres, familiares y amistades resalta este momento. Y sin importar la edad, los cumpleaños regularmente estimulan a pensar en nuestra persona y a hacernos una evaluación reflexiva.

Los adultos revisan y lamentan el pasado. Los niños, por su parte, experimentan el avance hacia un número nuevo de años, experiencias y privilegios. Jamás escucharás a una mujer adulta decir que tiene treinta y dos años y medio. Pero los niños anhelan crecer y dar muestras de sus avances para actuar, comportarse y pensar diferente.

Valore a sus hijos Con cada celebración el cuerpo crece, las modas van y vienen, las amistades se evaporan y florecen, hay cambios de escuela, las actividades y los intereses se reemplazan, los héroes evolucionan y los tipos de regalos que

usted le da siguen también este progreso. En el interior de su
ser también se llevan a cabo ciertas revoluciones. La identidad
comienza a establecerse. Se empieza a valorar. Los compañeros
de grupo también hacen sus evaluaciones sobre él. Y su hijo
necesita ayuda en este campo minado de sentimientos. Junto
con los otros regalos que recibe en su cumpleaños, déle algo
que influya de manera duradera en su autoimagen.

Qué es lo que me gusta de ti   Compre un álbum de
recuerdos o una carpeta de hojas sueltas o un cuaderno de
dibujo de hojas gruesas. Ponga el nombre de su hijo con letras
grandes en la cubierta. Escriba en hojas separadas la respuesta
de cada miembro de la familia a la siguiente oración: Lo que
más me gusta de _____ es _____.

Las afirmaciones pueden ser cortas o largas. Anime a los
miembros de la familia a pensar seriamente en sus contribuciones. Además de responder a este requerimiento, pídale que
expresen sus deseos para el cumpleaños de su hijo.

Ponga estas respuestas en una hoja impresa de computadora o en buena caligrafía. Quizá quiera resaltarlas escribiéndolas
en letra itálica. Enmarque las respuestas de forma creativa en
la libreta. Regale el libro a su hijo en su cumpleaños.

Debido a que los cumpleaños están llenos de energía, la
contemplación y la anticipación son un momento perfecto para
ayudar a su hijo a crecer emocionalmente conforme avanza
físicamente en edad.

18 ♪ El jardín secreto

En la obra teatral de Broadway *Secret Garden* [El jardín secreto], una jovencita queda encantada con lo que una vez fuera un magnífico jardín en la finca de su tío viudo. La paulatina muerte del jardín refleja la pena que consume al tío y su incapacidad para florecer en su nueva relación con su sobrina cuyos padres han muerto recientemente en tierras lejanas. La muerte los ha unido, y si algo no sucede pronto, la paralizante angustia del tío será la causa de que lo pierda todo. Sin embargo, la jovencita encuentra esperanza a través de unos pocos amigos bien ubicados y su plan de resucitar el jardín secreto con la esperanza de elevar el espíritu de su tío. Todo acaba con un final feliz cuando el jardín vuelve a florecer una vez más a la vida, a la par de la vida y la fortuna del tío.

Lo importante de la obra está en la fuerte analogía que se hace entre el crecimiento personal, el cultivar, las dificultades, el mal tiempo y la nueva vida, usando como el tema principal el jardín. Un programa de consejería real usa plantas y la jardinería como una forma de tratar ciertos desórdenes emocionales. Tiene sentido. El plantar semillas, y algunas veces verlas pasar de semillas a hermosos capullos, que luego darán paso a las flores o a los frutos, es algo maravilloso.

Los cuidados de un jardinero Los habitantes de un jardín no pueden sobrevivir independientemente. Lo primero que necesitan es que se les siembre en el ambiente propicio y se cultiven por las cuidadosas manos de un jardinero. Los esfuerzos de este con frecuencia son obstaculizados por muchos factores imprevisibles a los cuales debe ajustarse para que sus plantas puedan sobrevivir y crecer vigorosas. Los padres y los jardineros tienen mucho en común. Debido a que la jardinería es educacional, motivacional, y hasta terapéutica, es una buena opción como actividad de aprendizaje para los niños.

Habilidad para la jardinería   Vaya a un vivero con su hijo y compre algunas semillas de vegetales o de flores de jardín. Luego plante un jardín juntos. Si no tiene un pedazo de terreno para usar en casa, busque algún tipo de vegetales o flores que crezcan en macetas.

Ayude a su hija a determinar el horario para la jardinería e involúcrelo en el cuidado y cultivo de las plantas.

Hágale preguntas para estimular la conversación acerca de cómo las actividades de la jardinería se relacionan con la vida diaria, el crecimiento personal y las relaciones:

- ¿Qué sucedería si dejaras de cuidar las plantas?

- ¿Qué sucedería si la gente dejara de interesarse por los demás?

- ¿Cuánto tiempo tendrá que pasar para que esta planta produzca frutos o flores?

- ¿Crees tú que algún día pasará lo mismo contigo, que te convertirás en algo diferente? ¿Cómo crees que será eso?

- ¿En qué se parecen las plantas a la gente?

- ¿Cuán importante es el jardinero?

- ¿Quiénes son los que hacen el trabajo de jardineros en tu vida?

- ¿Te parece que hacen un buen trabajo al cuidar de ti?

- Y tú, ¿de quién eres jardinero?

A medida que el jardín que usted y su hijo han plantado vaya floreciendo, podrá hacer toda una serie de nuevas preguntas y nuevas observaciones. De esta manera ayudará a su hijo a procesar algunos asuntos de su vida, y verá que también él puede florecer teniendo el terreno, el agua y los cuidados adecuados.

19 ♪ Represente la historia

Un profesor de historia de escuela secundaria fue nombrado Profesor del Año en su estado. Hace algunos años recuerdo haber escuchado algunos rumores sobre su clase cuando yo estaba en séptimo grado. Los alumnos de octavo grado portaban en sus ropas el nombre de este profesor como si fuera una insignia o un símbolo de rango. Todo lo que ellos sabían era que estar en la «otra» clase de historia era una experiencia deprimente. Al finalizar mi séptimo grado, estuve encantado de estar en la clase de historia y gobierno americano del profesor Yanak. Jamás olvidaré cuando entré a su clase por primera vez. Fue sobrecogedor.

Afiches políticos, propuestas de votación, cada uno de los presidentes de los Estados Unidos observándonos desde distintos ángulos del salón, letreros del registro de votantes, fotografías históricas provenientes de las portadas de la revista *Life* y una cantidad infinita de artefactos y recuerdos competían por tener un espacio en las paredes del cuarto, con excepción de la pizarra. Su salón de clases parecía un museo.

Para una mente joven y medianamente motivada la respuesta era inspiradora. Desde el primer día se hizo evidente por qué ninguna otra clase era tan deseada como la del profesor Yanak. Su clase no sólo era intelectual y mental, sino también visual y emocional. Cuando el tema de la clase fue el del juicio de las brujas de Salem en el siglo diecisiete en Massachusetts, el profesor Yanak se vistió como un hombre de aquella época y transportó a cada uno de los estudiantes a aquel tiempo.

Dé vida al pasado El secreto del profesor Yanak no era del todo secreto. Lo que él hacía era estimular un interés, e incluso amor por la historia y el gobierno, alimentando más de un sentido a la vez. Cada clase fue una experiencia con la historia, no simplemente una narración. No es de sorprenderse que hoy muchos abogados, científicos, políticos, historiadores y servidores públicos obtuvieron su primera visión en el salón de clases del profesor Yanak.

Quizá a la escuela de su hijo le haga falta un maestro que tenga tal entusiasmo y compromiso, pero usted puede crear recuerdos en su hijo que pueden tener una influencia imborrable.

Retroceda en el tiempo Seleccione un centro histórico cerca del área en que reside. Puede pedir información en la oficina de turismo, en la Cámara de Comercio, o en la biblioteca local para que le indiquen un escenario que sea valioso para su viaje de investigación.

Antes de hacer su viaje al pasado, estudie al respecto para que pueda dar la información significativa del sitio. Algunos de los datos apropiados que conviene tener son:

- los orígenes de la gente relacionada con dicha localidad y las fechas, razones y expectativas que tuvieron para llegar hasta ese lugar.

- las razones por las cuales se le recuerda a este grupo o lugar y cualquier historia especial o nota que le dé un toque de significado extra al lugar.

- cuál fue la culminación de su importancia histórica y cómo termina la historia.

Elija un día, anótelo en su calendario y vaya a visitar el sitio histórico.

Junto con la comunicación del significado histórico del lugar, agregue una comida especial, algún recuerdo o actividad relevante a la historia.

20 ♪ El caso de un estante para libros

Cuando Marcos va a visitar a sus padres con su familia, siempre siente el deseo de entrar a algunas de las habitaciones de su infancia para ver si su legado ha perdurado. En uno de los cuartos hay una maquinita de madera para goma de mascar que le hizo a su hermana. En otro de los cuartos hay una caja de herramientas y una taza de café que le hizo a su papá. Y en la cocina hay una tabla de picar colgada de la pared cerca del fregadero. Él admite que es un poco tonto y hasta un poco vano el rendir homenaje a sus sencillas creaciones, pero es más que vanidad. *Hay un recuerdo atado a cada uno de esos objetos.* Es algo así como el sentimiento que experimenta un arquitecto cuando pasa frente a algún rascacielos que diseñó. El edificio no le pertenece, pero hay en él parte de su vida.

Forje memorias En donde quiera que invierta tiempo, energía y emociones, allí encontrará memorias. Cuando las experiencias son dolorosas, las sepultamos en nuestra mente y no es fácil volver a reavivarlas. Pero cuando la experiencia es positiva, algo en nuestro interior se reanima —como le pasa a Marcos— cuando tenemos la oportunidad de en nuestro espíritu, en una conversación o en la presencia real. Combine esta fuerza emocional con la posibilidad de que su hijo participe en una interesante actividad de adultos y el resultado es una gran energía que rodea a esa actividad y su recuerdo.

Siempre debes estar consciente del poder de la experiencia vivida con su hijo. Guiar a un niño en una actividad que requiere habilidades y supervisión de un adulto tiene el potencial de llegar a ser un recuerdo permanente en la mente del niño. Puesto que el niño anhela participar en proyectos que van más allá de sus habilidades y facultades, ¿por qué no crear un encuentro constructivo que cumpla con ambas metas, la relacional y la educacional?

Establecer el vínculo del estante   Consiga o diseñe un plano para hacer un pequeño estante para acomodar los libros de su hijo. Llévelo con usted a comprar los materiales necesarios y aproveche la ocasión para explicarle que él será más que nada quien se hará responsable de construirlo y pintarlo.

Trabaje con su hijo para crear el producto terminado. La regla es: mientras más trabaje más involucrado se sentirá en él cuando lo vea y lo use.

Una vez finalizado haga una celebración en grande para la inauguración. Lleve a su hijo a la librería para hacer una primera compra de libros interesantes que irán en el librero. O si es posible invertir en una enciclopedia infantil, quizá estimule aún más su interés y su actividad de aprendizaje.

Una famosa cita de la Biblia dice: «Donde está vuestro tesoro, allí estará también vuestro corazón».

La esencia del mensaje es que cuando invertimos energía y esfuerzo, lo hacemos también en nuestras emociones. Cuando su hijo vea su estante, no será sólo un mueble más; una parte suya estará allí unida a él. El hecho de que tenga libros que llevan al aprendizaje, a la lectura y a la comprensión de habilidades, es algo secundario. El interés en los libros viene a ser un producto agregado a lo especial que es el estante en sí mismo.

21 ♪ Más que un pago

Quizá tú seas una de esas personas que crecieron ganándose una asignación semanal por ejecutar ciertas tareas o rutinas caseras. Para algunos de nosotros, el trabajo de la casa fue impuesto y supervisado, y para otros, era simplemente algo sobreentendido. Y se nos remuneraba por nuestras labores con una suma que bien podía no durar para el día siguiente .

Para aquellos de nosotros con espíritu emprendedor quizá sean otros los recuerdos. El dinero semanal que nos proporcionaban mamá y papá no nos alcanzaba, especialmente si lo que queríamos era tener un bate de béisbol a tiempo para el juego de las Ligas Menores. De manera que tomábamos un segundo trabajo, proveyendo *nuestras* manos y pies a las familias vecinas que no tenían hijos.

Trabajo inspirador   Hay denominadores comunes buenos y malos en estos «segundos empleos». El aspecto noble del trabajo es que regularmente se trata de dinero arduamente ganado, lo cual destruyó el mito de que de algún modo el dinero caía del regazo de nuestros padres. El lado adverso de esta empresa es que no nos sensibilizaron a ver el aspecto creativo de proveer un servicio que era necesario y el sentimiento de llenar una necesidad especializada.

¿Qué tal le parecería que su hijo proveyera un servicio que no sólo le enseñara el valor de trabajar y ganar un justo pago, sino que también le inspirara un pensamiento verdaderamente emprendedor? He aquí un ejemplo para encontrar algo fuera del área de las tareas domésticas normales y más inspirador que cortar el césped.

Cortar, cortar y cortar   Independientemente de cómo te sientas en relación a cortar cupones, la verdad es que las familias pueden ahorrar modestamente cientos de dólares cada año al usarlos. Ya sea que seas un fanático de los cupones o no, podrás apreciar el valor de este ejercicio y el efecto que puede tener en una persona joven.

Pídale a su hijo que corte cupones. Usted puede ayudar a preparar un sistema sencillo de archivo. Cuando esté listo para ir al supermercado, preséntele la lista a su hijo. Él por su parte irá a revisar su archivo para suplirle con los cupones apropiados para su pedido. Por este servicio, su hijo recibirá la mitad de la cantidad que usted ahorre al usar los cupones.

Esta empresa puede tomar un poco de tiempo extra para su preparación, pero el mensaje básico es claro: he aquí una actividad que todo el mundo necesita hacer y es una forma en la que puede ayudar a la gente y tener una ganancia razonable. Este ejemplo es modesto en términos de la escala del trabajo; sin embargo, sirve para ilustrar a su hijo el secreto de la mayoría de los éxitos empresariales. Más que eso, puede encender alguna chispa de creatividad que lo lleve a desarrollar sus propias ideas más tarde en la vida.

22 ♪ Perfil personal

El árbol dadivoso es internacionalmente un cuento famoso para niños. Su simplicidad y el poder de su mensaje han ayudado a su popularidad. Sólo hay dos personajes principales, un niño y un árbol. La historia narra la relación entre ellos durante el curso de la vida del niño. Es una historia emotiva que cuenta cómo el árbol se alegra de la calidad de tiempo que los años tempranos del niño le proveen, y cómo se va desvaneciendo con la distancia que se desarrolla a medida que el niño madura, y cada vez pasa menos y menos tiempo con el árbol. En las pocas ocasiones en que el niño regresa, le pide al árbol que le permita usar lo poco que le queda. Así es como se convierte en el árbol *dadivoso*.

Hacia el final de la historia, el niño se ha convertido en un hombre anciano y el árbol no es más que una cepa. El árbol le dice que no le ha quedado nada más para darle. Pero el anciano sólo necesita un lugar dónde descansar. El anhelo del árbol se cumple, y lo poco que tiene para dar es suficiente para que el anciano descanse sobre él. Es una parábola con fuerzas, mensajes y significados ocultos. A medida que avanza la historia es inevitable tomar partido por el niño o el árbol. Con todo, creo que el impacto de la historia para el lector permanece encerrada, a menos que se hagan preguntas sobre la narración y su resolución.

Evalúe   Primero, debe preguntarse a usted mismo: ¿Qué mensaje saludable o no saludable hay en un determinado cuento para mi hijo, y por qué? Segundo, debe preguntarse, ¿Cuál de los temas sanos quiero que mi hijo adopte para sí, y aprenda de él? Tercero, debe hacerse preguntas sobre la historia y guiar a su hijo para que saque las conclusiones a las que usted quiere que llegue por sí mismo.

Perfilar al personaje   Busque una historia verídica o ficticia en la cual el personaje central se pueda perfilar y evaluar. Esto significa que el papel del personaje en la historia involucra decisiones y resultados específicos.

Lea la historia a su hijo.

Hable con él respecto al personaje de la historia. Considere estas preguntas sencillas:

- ¿Cuáles son las características importantes y logros del personaje?

- ¿Cuáles fueron sus debilidades y errores?

- ¿Qué lecciones podemos aprender del papel o de la vida del personaje?

- ¿Llega él a ser una figura o una persona mejor?

- ¿Qué le habrías cambiado para hacerlo mejor?

- ¿Son esos cambios que tú propones algo que todos debemos hacer?

Este diálogo estimula el hábito de hacer preguntas y descubrir el significado. También da lugar para la expresión de sentimientos y pensamientos en respuesta a la historia. Lo más importante es que puedes traer a colación los más amplios temas sobre formación de carácter, y así identificar qué clase de persona quiere ser su hijo, de manera tal que usted pueda ayudarlo a llegar a donde quiere.

23 ♪ Metas de año nuevo

Durante los días de fiestas navideñas y de Año Nuevo nos hacemos promesas con respecto a *cómo vamos a vivir* en el año venidero. Este ciclo de promesas representa algo del pensamiento positivo respecto a lo que la gente desea o espera que llegará a ser. Por breve tiempo se nos estimula culturalmente a pensar en relación a hacer cambios personales y a avanzar hacia el crecimiento. Sin embargo, aunque no hay estadísticas que lleven el recuento de los logros de los individuos respecto a las resoluciones de Año Nuevo, con toda seguridad podemos decir que son muy pocas las personas que logran sus metas propuestas. Y para quienes realmente siguen sus votos, hay ciertas razones fundamentales de por qué logran el éxito.

Guardadores de promesas Una de las razones es que las promesas que se hacen a sí mismos van más allá de las palabras y se convierten en acción. Esa gente da un primer paso que los ata de algún modo a sus palabras. Una segunda razón para que los guardadores de promesas logren el éxito es que voluntariamente se someten a sí mismos a otra persona —un amigo, un compañero de lucha, un doctor o una dietista— que los ayudarán a mantenerse responsables a sus votos.

A medida que trabaje con su hijo para mejorar ciertos aspectos de su vida, haciéndole prometer algo sin proveerle de unos primeros pasos concretos de responsabilidad y apoyo, sólo lograrás que se frustre y tú también lo harás. Puesto que los días de vacaciones navideñas proveen una oportunidad específica en cuanto a tiempo y obligaciones, este es un buen momento para hablar con su hijo acerca del año pasado y de sus esperanzas para el año nuevo. Usted puede enseñarle cómo hacer una promesa y cumplirla.

Hacer que suceda   Antes de que terminen las vacaciones navideñas, invite a su hijo a comer en un restaurante de su preferencia como una última emoción de las vacaciones, o a cualquier actividad al aire libre que elimine lo que pueda distraer su atención.

Explíquele algunas de sus metas para Año Nuevo, e invítelo a ayudarle a hacer esos cambios en los días que están por llegar, dándole libertad de tomar acciones para poder realizarlos. La mayoría de los niños recibirán con gusto la idea de llamarle la atención a los padres con respecto a alguna actitud o comportamiento.

Escriba sus resoluciones en un papel y pídale a su hijo que firme al final de la hoja, expresando con esto su disponibilidad de ayudarle.

Pregúntele a su hijo: ¿Cuáles son las cosas que te gustaría ver que sucedieran en tu vida este próximo año? Una forma más diplomática de preguntarle sería: ¿Estás listo para el regreso a la escuela? O algunas otras preguntas que pueden darle la oportunidad de hablar de algún temor o problema.

Siga el mismo patrón de acción con su hijo que el que hizo usted con él (responsabilidad, contrato de apoyo, etc.).

Piense en un primer paso con el que inmediatamente pueda comenzar a trabajar en las primeras semanas del año nuevo .

La mejor forma de enseñar a su hijo a ser una persona de palabra es dando el ejemplo. Al expresar su necesidad de mejorar, le facilita que pueda hablar de sus debilidades y temores. Cuando sienta la libertad de hablar con usted respecto a sus ansiedades y preocupaciones se habrá puesto en la posibilidad de ayudarlo a lograr su potencial.

24 ♪ ¿Qué implica un nombre?

¿Se acuerda cómo fue el primer día de clase cuando estaba en octavo grado? Ahí estaba, con su carpeta nueva, con los lápices en la mano, vistiendo ropa nueva, sentado en un nuevo salón, viendo muchas caras nuevas, enfrentándose a un nuevo maestro. ¡Qué atmósfera! Es una tradición que el primer día los maestros cuentan cabezas y comienzan a aprender nombres, de manera que mi maestro de curso comenzó a tomar la lista con Erica Adams.

Cuando llegó a la H, un extraño sentimiento se apoderó de mí. Lo único que tenía que hacer era levantar mi mano y decir «presente». Pero por alguna razón el acto de protocolo de sólo dos segundos de duración me estaba poniendo nervioso. Cuando nombró las K, me deslicé hacia un lado de mi asiento y cuando comenzaba las L, me deslicé de nuevo hacia el otro lado de la silla. Antes de que pudiera inquietarme más, el maestro gritó: «Ken Lucas». «Mmm, presente», dije tembloroso. Usted podría imaginarse que toda la clase iba a reír al unísono por la forma en que hablé. Pero como todos los años, nadie dijo nada y a nadie quizá le importó excepto a mí. Yo creo que si hay algún año escolar en el que su identidad está a prueba es el octavo grado.

Asociación de nombres   Los niños y jóvenes están conscientes de la asociación que se hace con sus nombres. Con el tiempo, las asociaciones positivas y negativas se hacen y se absorben. Muchas de las veces estas correlaciones asumen un lugar permanente en el autoconcepto del niño. Y dependiendo del mensaje que se escucha, esas relaciones con su identidad pueden contribuir a niveles de confianza y sana agresividad, o a aumentar una autoimagen deteriorada con comportamientos insanos como resultado. Usted puede comenzar a construir una autoimagen fuerte en su hijo al afirmar constantemente las cualidades que ve en ellos.

La sala de los nombres   Visite una biblioteca y saque un libro de etimología o del origen de los nombres. Busque el nombre de su hijo y anote sus orígenes, los significados asociados a este, la gente famosa que llevó su nombre. Luego haga un proyecto o manualidad incorporando lo que descubrió. Un ejemplo podría ser una placa con el nombre de su hijo en ella y las cualidades de carácter mayormente asociadas con el nombre en la parte inferior, para recordarle a su hijo el significado y valor.

Deje que esta «pieza con su nombre» que ha creado asuma un lugar de importancia en su casa en una pared o repisa. Repita el ejercicio con otros miembros de la familia y diseñe un lugar especial en la casa para la sala de los nombres.

¿Qué implica un nombre? Todo. Y puede comenzar por hacer asociaciones positivas con el nombre de su hijo a medida que su conciencia de quién es va en aumento.

25 ♪ Haga una revista

Cuando Pablo era niño, el juego favorito en su círculo de amistades era el fútbol. ¿Quién se hubiera imaginado que un pequeño óvalo pudiera generar tanta pasión? Pablo pasaba horas y horas jugando tanto en partidos organizados como informales con sus amigos. A veces había equipos y a veces no era más que toda una carrera de demolición. En el apogeo del fútbol, los chicos se vestían por completo con sus uniformes, usaban hombreras y camisetas con los colores y números de sus jugadores favoritos. Tal como sucede con la mayoría de los chicos tenía otros intereses. Sin embargo, su pasión por el fútbol permaneció.

De la revelación a la realidad Un día durante su época de amor por el fútbol Pablo se encontró con un montón de revistas de *Sport Illustrated* (Deportes ilustrados) de su hermano, y la portada de la revista que estaba encima tenía la foto de uno de sus héroes del fútbol. Pablo nunca antes había tenido interés en ninguna revista. Pero mientras hojeaba las páginas de la revista en busca de otras fotos de superestrellas, tuvo una visión. (Era la clase de revelaciones que son muy claras para un niño cuando la tienen, pero cuando tratan de llevarla a cabo el resultado cae un poco por debajo de las expectativas.) Poseído por lo que vio en su cabeza, Pablo levantó el montón de revistas, se fue al cajón de cachivaches por unas tijeras y goma de pegar y procedió a abocarse en su proyecto por un rato.

Cuando salió de su cuarto había creado su propia versión de *Sports Illustrated*. En aquellas pocas horas se había convertido en editor, redactor, diseñador y en hombre de producción en un mismo día. No fue lo que él pensó que podía o debería ser, pero era suya y todos sus jugadores favoritos estaban ahí para verlos una y otra vez.

En la escuela secundaria Pablo se unió al equipo de preparación del anuario en su segundo año, como el redactor de deportes de los muchachos, y dos años más tarde se le pidió que fuera el editor. Estaba diseñando las pruebas reales y pegando fotos de verdad. Hoy en día Pablo es director de mercadeo y está trabajando estrechamente con los artistas gráficos, produciendo piezas de alta calidad y le pagan por hacer esto. Me pregunto si los padres de Pablo observaron a su chico aquel día con las tijeras y la goma. ¿Vieron el desorden o fueron capaces de ver la obra de arte?

Empresa creativa Determine un tópico de interés con su hijo y provéale de revistas relacionadas para que las vea y revise. Pídale que elija sus imágenes o fotografías favoritas.

Sugiérale que haga una revista de su propio diseño, usando algunas de las fotos que ha seleccionado y algunos otros elementos que usted le habrá de proveer.

Abastézcalo de los recursos necesarios para que haga su propia revista. Tijeras, goma, plumas de varios colores, una prensa, pliegos limpios de papel o de cartulina, revistas viejas y algunas etiquetas de colores harán un buen comienzo.

Déle algunas ideas para que no haga tanto desorden y deje que comience el proceso creativo.

Cuando haya terminado, discuta su revista con él. ¿Por qué eligió ciertas fotos o cierto diseño de imágenes? ¿Qué escribió a continuación de las fotos?

Alabe el trabajo de creación de su revista y el uso de su imaginación.

Hacer una revista puede ser divertido para su hijo y, a la vez, para usted, una revelación de lo que pasa por la mente de Él. Pero sobre todo, la tarea albergará una positiva experiencia creativa en la mente del niño que podrá ayudarlo a afirmar su ser en la imaginación de nuevas empresas para el futuro.

26 ♪ Mírelo bien

Danny y su esposa se quedaron en casa un viernes por la noche para ver una película de video. Siguiendo la recomendación de un amigo, alquilaron una comedia romántica acerca de un muchacho y una joven estudiantes de escuela secundaria que eran exactamente opuestos pero que se enamoran. La premisa de la película era muy simple: la alumna encargada de dar el discurso de despedida y el chico terriblemente original a quien ella jamás se molestó en conocer durante los últimos cuatro años se descubren uno al otro en la graduación. *Ella* estaba en el programa acelerado de becarios y él estaba por ser expulsado. La discrepancia hace del encuentro y del cortejo algo entretenido para ver.

Una de las escenas provoca una gran sonrisa por parte de Danny. El chico ha ido a visitar a su nuevo amor a su casa. Mientras que espera por ella, un libro sobre el escritorio atrae su atención y lo toma en sus manos. Observando a lo que evidentemente era un diccionario, el muchacho se da cuenta de que hay una «X» al margen de casi todas las palabras. En ese momento la muchacha entra y él le pregunta por el significado de las «X». Ella le explica que representan las palabras que su padre le ha enseñado para que las consultara durante los últimos dieciocho años.

Papá sabía bien lo que hacía Danny ríe cuando ella le dice eso porque el papá de él le hizo hacer lo mismo cuando era niño. Danny podía relacionarse con la conexión y el mensaje representado en la escena. Él sabía que gracias a la insistencia de su papá, él ganó en los concursos de ortografía en la escuela primaria y sobresalió en inglés en la secundaria.

Conforme crecía, Danny nunca pensó mucho respecto al efecto acumulativo que el ejercicio podría traerle en los años venideros. Probablemente era mejor así. Él sólo pensaba que su papá estaba actuando en su rol de papá. Si algo aprendió, él sabe que en pocos años estará repitiendo la tradición con su propio hijo.

Sea que su hijo esté entrando a la escuela secundaria o al bachillerato, nunca es demasiado tarde para formar este productivo hábito en él.

Márquelo con una X Cómprele a su hijo un diccionario enciclopédico y uno de sinónimos. Enséñele cómo usarlos pidiéndole que le dé algunas palabras como muestra.

A partir de ese día, cualquier pregunta que haga en relación con el significado de las palabras se deberá redirigir al diccionario. Si realmente quiere saber el significado, él lo buscará.

Dígale que marque cada palabra que consulte con una X al margen de la palabra.

Mostrarle a un niño cómo usar un diccionario y una enciclopedia mejorará sus habilidades de comprensión de lectura y sus habilidades ortográficas.

27 ♪ El poder de la escritura

Un filósofo bastante sabio dijo una vez: «La diferencia entre hacer algo y no hacer algo, es hacer algo». Este sencillo pero profundo axioma es significativo porque va al corazón de todas las cosas que ameritan la devoción de nuestra energía. Las conversaciones pueden entusiasmar y los predicadores pueden predicar, pero a menos que procedamos en consecuencia, será poco el cambio.

No todos hablan La gente en este país es famosa porque le gusta hablar. Todo el mundo pareciera tener una opinión respecto a todos, y la televisión y los periódicos alimentan este frenético sentimiento. Las cafeterías y las mesas de las cocinas proveen conversaciones más estimulantes y francas que las que se dan en las salas del Congreso. Tristemente, toda esta pasión rara vez escapa del ámbito de las conversaciones. Es una pena que sea así, porque todavía tenemos medios poderosos a nuestra disposición para hacer cambios. Y uno de ellos pesa sólo unas pocas onzas.

El locutor de un programa radial sindicalizado una vez preguntó a los radioescuchas que reaccionaran por escrito ante las corporaciones auspiciadoras de programas excesivamente violentos y sexuales. Algunos meses más tarde, algunas de las compañías quitaron su dinero para anunciarse de esas cadenas televisivas gracias a que algunos individuos hicieron el esfuerzo de levantar su pluma y expresar sus sentimientos en el asunto. Cada sobre representaba una voz, y las compañías reconocieron el esfuerzo.

Acción y reacción   Ponga atención a los temas que sean de significado personal para su hijo, o relacionados a algo que ustedes hayan discutido.

Hable con su hijo de estos temas:

- ¿Por qué es importante este asunto?

- ¿Por qué es importante para ti?

- ¿Qué te gustaría que sucediera al respecto?

- ¿Si pudieras hacer algo para cambiar la situación, lo harías?

A medida que su hijo se percate más de los asuntos que le afectan personalmente, trabaje con él en el borrador de una carta expresando su preocupación al partido o partidos.

La meta de la experiencia es ayudar a su hijo a expresar sus sentimientos respecto a algún tema con una esperanza razonable de ser escuchado y recibir una respuesta. Es un ejercicio democrático positivo, y mejor aún, una respuesta puede dejar una huella que durará para siempre en su hijo. Animarlo a que tome la iniciativa y actúe en sus palabras habrá de desarrollar una mentalidad para actuar con convicciones y asumir el riego de lo que venga. Ayudar a su hijo para que lo haga le servirá mucho porque aprenderá que cuando se toma una acción, a veces hay una reacción igual y *positiva* esperando emerger.

28 ♪ El mañana es hoy

Jennifer es una profesional productiva y de mucho éxito. Siempre parece llevar a cabo todo lo que se propone. Pero no siempre fue así. Al igual que muchos estudiantes de universidad, ella era educada, pero inexperta en el «mundo real». Afortunadamente para ella, su primer jefe le pidió que hiciera algo que nunca antes había hecho y esto cambió para siempre la forma en que conduciría casi todos los aspectos de su vida. Su jefe le pidió que se trazara metas personales, profesionales y que presentara semanal, mensual, y trimestralmente metas para su trabajo.

Hasta ese momento, ella siempre había confiado en sus habilidades organizativas para planear cuándo y dónde habría de invertir sus energías. Jamás la habían desafiado a pensar respecto a *dónde quería terminar como resultado de sus esfuerzos.* Antes, su vida estaba llena con actividades diarias que estaban levemente conectadas, pero que no tenían un propósito que las uniera. Ahora, en lugar de tener una «lista de pendientes», tenía que formarse una lista de «¿a dónde quiero llegar?» El proceso mental fue completamente diferente.

Establezca metas Establecer metas no es sólo de la gente de negocios próspera. Tener metas también funciona bastante bien para los chicos. Los niños hoy en día desean algo que lograr, un destino que cumplir, un propósito para vivir. Desafortunadamente, la mayoría permiten que la tecnocultura reemplace los sueños inspiradores y los pensamientos individuales.

Lo bueno de establecer metas es que le hace pensar hacia adelante y, en ocasiones, *avanzar hacia adelante*. Lo mejor de todo respecto a las metas es que pueden cambiar en base a las experiencias, circunstancias, o la evolución de otros talentos e intereses. La acción importante a realizar es pensar respecto a quién eres y a dónde quieres llegar, registrar estas conclusiones en papel y establecer un tiempo regular de intervalo para revisarlas, modificarlas, o cambiarlas por completo en base a las acciones tomadas y a los resultados.

Desafíe a su hijo a pensar hacia el futuro y pensar acerca de:

- qué clase de persona quiere ser en términos de carácter así como de vocación.

- qué clase de objetivos quiere cumplir en su vida.

- a dónde cree que lo llevarán estas metas.

- qué es lo que puede hacer a corto plazo y a largo plazo para llegar a ese punto.

Cuando le pide a su hijo que piense hacia el futuro, le está proveyendo ya un patrón para toma de decisiones y comportamiento. Está desafiando su individualidad a reconciliar actividades, acciones y actitudes con las metas de su propia inspiración.

Piense   Ayude a su hijo a que piense en establecer algunas metas realistas y alcanzables para él y sugiérale que las escriba.

Junto con su hijo evalúe sus intereses, sus cualidades de carácter, las debilidades y los modelos que está siguiendo.

Cómprele un diario para que anote sus planes.

Pídale que elija un área específica en la cual quiera concentrarse y completar algo semanal, mensual, anual y también metas para ciertos días.

Al lado de cada meta, él podrá anotar una acción que pueda tomar para cumplir progresivamente el objetivo general a través de los distintos pasos.

Después de cada acción puede elegir un día para el cual habrá completado ese paso (cuando así resulte apropiado).

Recuérdele a su hijo que revise su diario de metas en relación a ciertos pasos que quiera cumplir a medida que el día de la «acción» se acerque. Llévelo de vuelta a sus sueños.

Si su hijo ha perdido interés o se ha distraído en alcanzar una meta establecida, sugiérale una nueva agenda o un reemplazo de la meta.

Potencial realizado   Aunque las visiones de su hijo no se lleguen a alcanzar en la forma exacta como se documentaron, el proceso lo guiará a descubrir sus verdaderos intereses y habilidades.

29 ♪ Mi autor favorito

En la película *The Princess Bride* [La princesa desposada], Peter Falk representa el papel de un abuelo que viene a visitar a su nieto enfermo, quien lo interpreta Fred Savage. El abuelo trae bajo el brazo, un libro viejo que quiere leerle a su irritable nieto, pero este trata de eliminar la idea. Y justo cuando parece que ha conseguido detener a su abuelo· para que no le lea, el pensamiento de que su único visitante lo está dejando hace que ceda por la necesidad de compañía. De manera que con total desinterés, inclina su oído y su mente imaginativa a las palabras de un hombre y un libro viejos.

A medida que la historia se desarrolla, el interés del joven por ella se incrementa gradualmente hasta el punto de rogarle al viejo que la termine. Las imágenes y personajes descritos en la pantalla reflejan las imaginativas interpretaciones de los hechos en la mente del muchacho. Para cuando la historia termina, la curiosidad y el interés del nieto se han transformado en una experiencia inolvidable.

Encuentro inspirador Los cuentos favoritos de los niños dejan recuerdos inolvidables, ya sea que ellos mismos lean las historias o que alguien más se las lea. Invierten sus propios intereses y pensamientos en los personajes a medida que se presentan, y los atraen mentalmente a lo largo de la historia hasta el punto de desarrollar afecto y lealtad. Y cuando los niños han experimentado una historia a nivel emocional, el encuentro puede ser un trampolín para futuras discusiones y actividades que pueden inspirarles en formas educacionales y divertidas si los padres están motivados para capturar el momento.

Entre bambalinas Identifique una historia o un libro de ficción que su hijo leyó o que le leyeron, y que haya disfrutado, cuyo autor todavía esté vivo. O puede buscar un nuevo libro para captar su interés.

Involucre a su hijo en la lectura del libro, o léalo para él.

Al concluir, explore los elementos de la historia con él, preguntándole qué personajes disfrutó más y qué es lo que más le gustó de la historia.

Anime a su hijo a escribirle al autor de su historia favorita, a fin de descubrir las inspiraciones y motivaciones de la historia y de algunos personajes. Ayúdelo en algunas buenas preguntas, e instrúyalo en comentar lo que disfrutó más de la historia. Para futuros beneficios, formule una pregunta que revele qué fue lo que condujo al escritor y qué actividades serían recomendadas para los jóvenes autores.

Considere estas preguntas a manera de ejemplo:

- ¿Hubo alguien que le inspirara a escribir esta historia?

- ¿Qué inspiró a los personajes? _____es mi favorito.

- ¿Hay alguna lección o moraleja en su historia?

- Estoy pensando en dedicarme a escribir. ¿Qué hizo usted cuando tenía mi edad que lo ayudó a escribir tan bien?

No puede asegurar una respuesta, pero al menos ha comprometido a su hijo a intentar una forma amigable de periodismo investigativo al tomar la iniciativa de descubrir la historia de cerca y en forma personal. Semanas después del ejercicio, hay una posibilidad de que reviva el proceso si recibe una respuesta.

30 ♪ El drama de las vacaciones

Cuando era un niño pequeño, Jason recuerda haber ido de vacaciones con sus padres a un centro de recreo en una remota montaña en donde tenían una cierta propiedad. Sólo recuerda un par de cosas de esos viajes: el largo paseo en carro y el nadar. Una de las actividades está cimentada en su cabeza porque cuando viaja en el asiento trasero de una camioneta durante nueve horas, las palabras «¿falta mucho para llegar?» se vuelven más significativas. Y dice que recuerda haber nadado porque era su actividad absolutamente favorita. Sea lo que sea que haya sucedido entre y durante estas dos actividades se ha perdido en él. De algún modo, el equilibrio de las actividades de vacaciones estuvo carente de adrenalina e inversión emocional.

Evite el enojo en las vacaciones   Puede que sea difícil para usted salir adelante con todas las demandas del entusiasmo juvenil cuando toma vacaciones. Tiene una *familia* que considerar, y en ocasiones, el malabarismo de tantas actividades e intereses torna estos viajes en un Vietnam. ¿Cómo puede satisfacer las diferentes expectativas de los miembros de la familia a la vez que preserva su sanidad?

A pesar de que la escuela de leyes esté a muchos años de distancia, los niños pueden ser bastante agresivos y (en sus mentes) persuasivos al tratar de hacer su agenda una realidad.

La planeación de vacaciones provee un primer ejemplo. Ambas, las emociones y las expectativas están elevadas, lo cual puede preparar el escenario para objeciones e interrupciones familiares inoportunas. Estos ejercicios habrán de proveer algunas soluciones así como desafíos para sus jóvenes abogados para hacer por escrito todo un drama sobre las vacaciones.

Lleve las vacaciones a la corte   Planee las vacaciones de junio en enero. Si no tienes un sitio tradicional para ir de vacaciones, presente a su familia diferentes opciones para el viaje.

Después de que los miembros de la familia hayan determinado el lugar, por medio de un debate democrático y del voto, sugiérales un amplio rango de actividades potenciales.

Pida a cada uno que ponga por escrito qué actividades quieren hacer individualmente, y qué actividades quieren hacer juntos con el resto de la familia. Pídales que escriban de tres a cinco en cada categoría y que expliquen por qué creen que sus opciones son las mejores.

Reúna sus respuestas para designar las actividades durante las vacaciones. Intente incorporar al menos una sugerencia de cada uno de sus hijos en sus planes.

Cuando haya decidido la fecha, lea las sugerencias y el razonamiento creativo a la familia, y anuncie los aspectos que se habrán de realizar cuando el viaje se realice.

Haga justicia   Al involucrar a cada uno de sus hijos en el proceso de la toma de decisiones y en la selección de actividades, evite que le consideren un dictador de las diversiones. El proceso reconoce que el aporte de cada miembro de la familia es valioso y recompensa el haber llevado a cabo un buen caso con un juicio positivo.

31 ♪ Expresiones profundas

Pedro creció en una familia en la que los altibajos de la vida fueron extremos. Como el menor de seis hijos, él era chico mientras sus hermanos y hermanas mayores eran adolescentes, y observaba perceptivamente conforme sus padres conducían el camino de ellos a través del terreno minado de la adolescencia. Hubo grandes alegrías en tener hermanos y hermanas, pero también hubo conflictos y crisis familiares. Separado por cinco años de su hermano más cercano, y con mamá y papá manejando las vidas y actividades de varios chicos, Pedro no tuvo mucha gente con quien hablar o que le hablara a él cuando surgía alguna de las tormentas de la vida.

Incapaz de expresar sus sentimiento a nadie en casa, Pedro canalizó la necesidad de ser escuchado en conductas que lo llevaron a terrenos peligrosos en la escuela. Cuando llegó el tiempo para la conferencia de padres-maestros, su madre se enteró de la insaciable necesidad que su hijo tenía de hablar a otros niños durante la clase. La hiperactividad de Pedro fue hábilmente conducida por un sabio maestro quien reconoció una necesidad de expresión, y canalizó esa necesidad hacia la lectura y escritura de poesía. El ejercicio resultó una significativa salida, así como una actividad de construcción de habilidades que guió a Pedro a otros intereses relacionados y a metas saludables.

Expresiones saludables   Los niños necesitan medios de
expresión significativos, ya sean verbales o escritos, por los
cuales puedan procesar sus respuestas emocionales a las circunstancias que rodean sus vidas. El ejemplo previo está
ubicado en un contexto familiar, pero bien se puede trasladar
a una variedad de dilemas relacionados con la experiencia de
crecimiento de los niños. Los sentimientos y las emociones
inevitablemente se expresarán. Usted determinará si se representan en actividades saludables o insanas. Los sentimientos
reprimidos o negados, si se deja que se acumulen sin prestarles
atención, tienen el potencial para expresarse a sí mismos en
comportamientos dañinos para su hijo y para la gente que lo
rodea.

Su meta como padres deberá ser identificar tantas salidas
saludables como sea posible para que su hijo pueda expresar
los sentimientos. El primero y más natural de los canales de
comunicación es el verbal. Hable significativamente con él
respecto a cosas que realmente le importan: miedos, preocupaciones y sentimientos acerca de lo que experimenta regularmente. La segunda forma y más personal de transmitir
emociones de manera productiva es poniéndolas por escrito.

Un diario personal   Preséntele a su hijo un diario personal.
Entre más personalizado sea, más probabilidades habrá de que
lo use. Busque que tenga su nombre en la cubierta.

Explíquele a su hijo por medio de un ejemplo cómo usar el
diario, y por qué estará contento de dedicar el tiempo para
escribirlo.

Guíelo en su primera anotación de alguna experiencia
reciente o de algún hecho que quizá haya discutido con usted.

Con frecuencia regular anime a su hijo a registrar hechos
significativos en su diario, así como lo que siente y piensa
respecto a ellos. Anímelo a escribir lo que ha aprendido de sus
experiencias.

La práctica de lidiar directamente con las emociones y los sentimientos a medida que su hijo se confronta con ellos le servirá también para el futuro. La habilidad de procesar y crecer a través del conflicto se incrementará.

32 ♪ Actividades importantes

Pareciera que los padres tuvieran un deseo innato por preservar recuerdos de sus hijos. Ir a un juego de Ligas Menores, a un recital de piano o a la graduación del jardín de infantes, y presenciar el cuerpo de reporteros en acción. Los trucos que mamá y papá emplean para capturar esos momentos especiales en fotografía son bastante graciosos, y habrían de poner en vergüenza a muchos periodistas. ¡Qué pena que no hay alguien que les tome una foto a los padres! Hoy en día, más que nunca antes, la tecnología ha alimentado la urgencia por preservar. Y si bien este es un adelanto que todo el mundo puede aplaudir, es un inconveniente en cuanto al impacto que la era de los videos ha tenido en el arte de crear memorias.

Productores principiantes ¡no! ¿Cuáles son los ingredientes para unas buenas memorias? La mayoría de nosotros podría responder amistades, diversión y la gente a la que amamos, todo dentro de una experiencia en común. Estoy completamente de acuerdo. Pero la cámara con frecuencia fracasa en capturar y preservar los pensamientos de su hijo respecto a la experiencia. La película es valiosísima, las baterías se agotan y por lo general se enfoca lo que se ve.

Otro punto débil es que su niño queda fuera del proceso. Mantenga su equipo siempre cerca de usted, porque reemplazar una cámara de video no es lo mismo que reemplazar un vaso de cristal. Pero precisamente porque él nunca llega a manejar el equipo, las vacaciones y hechos siempre se ven a través del ojo del productor ejecutivo de la familia. El botón de edición está presionado y las escenas se filman o se cortan a su antojo. ¿Pero qué tal si hicieran una cámara de video segura para niños, que fuera barata e indestructible? ¿Qué sería lo que su hijo capturaría y preservaría?

Antes de que le pase la cámara de video a su hijo para responder a estas preguntas, permítame sugerirle una nueva forma de capturar momentos familiares que involucran directamente a su hijo.

Esa sí es una buena cobertura

Cuando haga los planes para sus próximas vacaciones o acontecimientos que sean digno de grabarse en película, planee llevar con usted una grabadora portátil.

Tome fotografías como normalmente lo haría, incluyendo tomas de *todos* los miembros de la familia que están participando junto con usted en los acontecimientos de ese momento.

En su viaje de regreso a casa (en el avión, tren o automóvil), pídale a su hijo que le relate sus pensamientos de lo que más le gustó de las vacaciones o de los acontecimientos y grábelo en casete. La grabadora deberá ser de las que tienen un botón para pausa y que se pueden encender y apagar fácilmente. Deje que sea su hijo quien sostenga la grabadora y hable mientras que usted hace las preguntas. Como ser:

- ¿Cuál fue tu parte favorita del viaje?

- ¿Qué viste?

- ¿Quién estaba contigo?

- ¿Qué hiciste?

Cuando llegue a casa transcriba los mejores comentarios e imprímalos en máquina de escribir o en impresora de computadora.

Cuando ponga las fotos en el álbum, ponga los comentarios de su hijo a continuación de las fotos que están asociadas con su actividad favorita, y ponga su nombre después del comentario.

Una perspectiva juvenil   Estas piezas escritas, combinadas con las fotografías apropiadas forman una revista de los acontecimientos importantes de la familia. El tiempo que habrá de pasar entre el momento en que su hijo grabó sus comentarios y cuando termine de preparar el álbum creará un interés renovado en su participación en el proyecto. Habrá manejado un aparato técnico sencillo, y así habrá ayudado a la producción de algo que podrá mirar una y otra vez porque sus palabras y su nombre han quedado impresos. Lo más importante de esto es que usted habrá modelado su creatividad, y lo habrá incluido en el proceso, lo cual lo estimulará a crear sus propias empresas imaginativas.

33 ♪ Estrategia de cuento breve

La capacidad imaginativa de los niños para crear escenas, personajes, e historias es sorprendente. Las cajas de cartón se transforman en castillos y los palos de las escobas se convierten en espadas. Estas historias son piezas maestras que tienen antagonistas, héroes, trama, y lo mas importante, revelan los pensamientos y expresiones específicas sobre la visión que tienen de las cosas. Todo esto fluye de sus mentes inventivas casi sin esfuerzo, como un simple juego.

Miedos a lo venidero Muchas veces los niños elegirán papeles imaginario en sus juegos que reflejan la forma en que se ven así mismos, o la forma en que les gustaría ser vistos, o lo que les gustaría ser. De hecho, las madres y padres de famosos profesionales se gozan en hablar acerca de cómo tuvieron visiones del futuro cuando veían jugar a sus hijos. Pero así como los pequeños tienen héroes y victorias imaginarias, también tienen miedos y derrotas reales a medida que descubren el mundo que les rodea y el lugar que ocupan en él. Estas ansiedades se deben reconocer de la misma forma que las cualidades positivas de modo tal que los padres puedan ayudar a sus hijos a enfrentar y vencer sus temores acerca de ellos mismos para así poder alcanzar su potencial.

La imaginación de un niño combinada con la influencia orientadora de un padre o madre puede ser un mecanismo poderoso para descubrir estos miedos y ayudarlo así a que avance en la vida con confianza.

Aventura   Puede ser bueno comenzar este proyecto preguntándole a su hijo cuál es su cuento favorito y por qué. Trate de descubrir los personajes favoritos, escenas, elementos y lecciones aprendidas de esa historia.

Identifique una mascota con la cual su niño pueda fácilmente identificarse o que le guste, e invítelo a que le ayude a escribir una historia acerca de ese animal.

Junto con su hijo identifique tres personajes principales en la historia y ponga su nombre al personaje principal.

Pregúntele cuáles son las cualidades y debilidades relativas de cada personaje y construya la historia alrededor de cada personaje a medida que vencen sus miedos. Explíquele que cada personaje tiene un temor sobre el cual debe trabajar, y cómo se va a crear una circunstancia que lo ayudará a vencer ese miedo.

Ayude a su hijo para que cree los elementos básicos de la historia y las escenas. Pregúntele:

- ¿En dónde debemos ubicar la historia?

- ¿Cuál es el destino final, la meta o la aventura en la que están participando los personajes?

- ¿Con quién se habrán de encontrar en cada escena?

- ¿Cómo habrá de terminar la historia?

Una vez que haya reunido todos los elementos para su hijo, ayúdelo a escribir la historia proveyéndole una libreta y una pluma especial. Pasen un poco de tiempo cada tarde añadiéndole un poco cada vez. Explíquele que va a imprimir la historia una vez que esté terminada.

Una vez que la historia esté completa, dígalo a la familia. Este ejercicio tiene la finalidad de proveer una estructura de muestra para usted y para su hijo sobre la cual construir. Combine escritura creativa y destrezas de pensamiento junto con él desarrollo de metas personales relacionadas a su hijo. La meta es elevar los aspectos de autoestima y procesarlos a través del medio familiar y divertido de la imaginación.

34 ♪ Aumente el interés

Cuando era niño, la casa de Bill era también la residencia de un sinnúmero de especies de pájaros que se alimentaban de los variados árboles frutales que sus padres habían plantado en el patio. Cualquier día era factible ver cuervos, pinzones y mirlos revoloteando en busca de alimento en el jardín y probando los duraznos, los higos y las ciruelas.

Lo que resultaba de mayor interés para Bill era la construcción de nidos. Él sabía que dentro de esos nidos había huevos que se iban a abrir y la simple idea le intrigaba. Como un verdadero ornitólogo, Bill se subía a las elevadas copas de los árboles del patio trasero para observar el progreso de ciertos nidos. A medida que pasaba el tiempo, habría de ver a los pajaritos recién nacidos, aprendiendo la difícil forma de volar.

Un interés solitario En ocasiones Bill pasaba absorto el tiempo con sus alados vecinos, pero nadie en su familia tenía el mismo interés que él. Viendo hacia el pasado, recuerda haber pensado acerca de muchas otras cosas mientras miraba varias familias de pájaros construyendo sus nidos, alimentando a sus polluelos y enseñándoles a volar. Si bien es cierto que no se dio cuenta de esto en aquel entonces, Bill hacía analogías de su vida con la de los pájaros mientras los observaba y admiraba.

Estaba aprendiendo por ese medio la actividad de la creación.

No todas las familias tienen un patio como el de Bill, pero la mayoría están dentro del territorio de una población de pájaros. Puede usar lo que está literalmente disponible en el jardín de su casa para involucrar a su hijo en el proceso de aprendizaje que implica calidad de tiempo y diversión juntos.

No para pájaros Vaya a una tienda de materiales y compre una casita para pájaros, para armar, y constrúyala con su hijo. O quizá quiera ver y luego comprar los materiales requeridos para realizar el proyecto usted mismo. Comprometa a su hijo en la construcción y pídale que busque un buen lugar para colocarla.

Seleccione un sitio y póngala en un árbol o en un lugar estratégico que pueda servir para hospedar a alguna familia de pájaros. Un sitio a corta distancia de su casa hará que las visitas sean más accesibles y significativas. Asegúrese de colocar dentro algo de comida para atraer posibles residentes.

Visitas a la casita Planee las visitas al lugar y varias actividades basadas en los acontecimientos de cada estación.

- Lleve un par de binoculares.

- Lleve una cámara de video o una cámara con teleobjetivo.

- Lleve un libro de ornitología para identificar qué tipo de familia habita la casita.

- Lleve un cuaderno para registrar lo que vea y aprenda.

Pídale a su hijo que dé un nombre a la familia de pájaros.

Busque oportunidades para extraer analogías con la vida real. Pregunte:

- ¿Qué pasaría si los padres no empujaran a los polluelos a salir del nido?

- ¿Qué les pasaría a los polluelos si los padres no les trajeran alimento cada día?

- ¿Cómo aprenden a volar los pajaritos?

- ¿Crees tú que tengan miedo cuando están aprendiendo a volar?

- ¿Cómo es que finalmente logran volar?

- ¿Qué cosas te da miedo hacer, pero sabes que tarde o temprano deberás aprender?

Alquile una película sobre pájaros para aprender más, o lea historias a su hijo en las cuales se hable de pájaros.

Una vez más, en el contexto de una experiencia común, puede usar lo que esté a su disposición y que sea del interés de su hijo para ayudarlo a descubrir principios de la vida y herramientas que le ayudarán a vencer futuros obstáculos.

35 ♪ Indiana Pérez

El director de cine Steven Spielberg llevó a la pantalla grande las aventuras de un arqueólogo en la trilogía de Indiana Jones. La que se podría considerar una profesión poco admirada entre la gente joven fue lanzada al estrellato por el personaje de Harrison Ford, quien viajó alrededor del globo y nos llevó por intrincados caminos de la cultura e historia en medio de melodramas y efectos especiales. Dada la forma en que Hollywood tiene para idealizar, con todo fue un momento significativo cuando mi cuñado de doce años declaró con entusiasmo: «quiero ser arqueólogo».

Misterios en el fango La atracción de la arqueología apela a los más básicos motivos e intereses en todos nosotros: eras pasadas, curiosidad, descubrimiento, misterio, espiritualidad y el lado divertido de entrar en contacto con cada uno de estos elementos. En el lado más práctico, la arqueología nos habla de cómo vivía la gente diariamente, lo que creían, los valores que tenían, y en muchas ocasiones, condujo a la desaparición de ciertas civilizaciones. Lo más importante de esto es que la arqueología valida la historia. Comúnmente, por ejemplo, los hallazgos que vienen del antiguo Cercano Oriente armonizan muchas de las tradiciones y aseveraciones bíblicas.

Los lectores de novelas de misterio, quienes arman rompe-cabezas y los arqueólogos tienen mucho en común. Todos tienen la encomienda de integrar claves de varias fuentes para formar una conclusión. El proceso de razonamiento es dinámico. Es uno por el cual su hijo se beneficiará y además lo disfrutará mucho.

¡A excavar! Alquile una película de Indiana Jones o sintonise un canal educativo que presente tópicos de arqueología para crear interés. *Los cazadores del arca perdida* es tanto humorística como intrigante.

Haga una excavación propia y entierre claves, artefactos, tesoros y otros artículos que habrán de descubrir las costumbres de una familia imaginaria o un cierto grupo de personas. Algunos ejemplos podrían ser los siguientes:

- Una bolsa de desperdicios para descubrir lo que comieron, qué había en su correo, etc.

- Secciones del periódico para dar claves sobre los hechos del mundo y otros asuntos que puedan afectar a la gente bajo investigación.

- Joyas de fantasía.

- Fotografías de personas u objetos de arte.

- Documentos o libros importantes.

Haga un mapa que guíe hasta el sitio e invite a su hijo a participar en la excavación arqueológica como su asistente. Juntos podrán identificar los artículos descubiertos e intentar así reconstruir un grupo de personas en base a lo que encuentren.

- Trace en detalle el sitio de la excavación y divídalo en cuadrantes.

- Provea algunas herramientas para excavar y examinar.

- Cuando encuentre algo cese de excavar, registre el hallazgo y etiquete la evidencia.

- Haga preguntas sobre la evidencia.

Entierre en un cofre de tesoros, que pueda conservar en buen estado las cosas, una recompensa, que puede ser algún artículo comestible o un vale para comer en algún restaurante de la localidad.

Finalmente, lleguen juntos a algunas conclusiones generales respecto al tipo de personas que habitaban el sitio; quiénes eran y cómo vivían.

¿Pasado o futuro? Mientras más simple sea su excavación, mejor. Puedes crear artefactos de diferentes períodos de la historia, o pretender que son arqueólogos de miles de años en el futuro que se han encontrado con la gente de los mil novecientos. La meta es exponer a su hijo a un proceso de aprendizaje intrigante y divertido y que le ayude a relacionar piezas de información significativamente para formar un cuadro completo.

36 ♪ Plante un árbol

A los niños les gusta adoptar amigos. Si algunas niñas se encuentran un perro vagabundo lo llevan a casa. Otros harán lo mismo con algún sapo y le harán una casa en el patio. La palabra *amigo* es un término relativo para los niños. Las líneas no están bien definidas y el criterio no es claro. Un amigo puede ser una persona, un animal, una muñeca, o un personaje imaginario al otro lado de la línea del teléfono de juguete. La imaginación y fe de los niños puede otorgar a cada uno de estos y otros más un significado e importancia real. Estos «amigos» reales o imaginarios vienen y van con el paso del tiempo y en ocasiones llegan a ser sólo recuerdos y reminiscencias.

Los padres con frecuencia tratan a los objetos en términos de amigos porque esto encaja perfectamente en el lenguaje de los niños. Cualquier objeto en el cual invierten tiempo, o tiene importancia para ellos se puede clasificar como amigo. Una cobija especial, por ejemplo, puede ser una amiga. El único problema con muchos de estos objetos de amistad, incluyendo a la gente, es su estado transitorio en la vida del niño. Ninguno parece durar para toda la vida.

Un símbolo permanente En la escuela primaria aprendí un nuevo y duradero concepto de amistad cuando nuestro director murió de cáncer. La escuela sembró un pequeño arbolito en su honor y puso una base para una placa al lado del árbol. Con el paso de los años habría de pasar por mi vieja escuela y ver el árbol. Cada vez estaba un poquito más alto y más frondoso. Y cada vez que lo veía me transportaba mentalmente a un lugar y un tiempo en mi vida que tuvo tremendo significado. El árbol que era sólo una ramita tiene ahora quince metros de alto.

Plantar un árbol con su hijo para usarlo como punto de referencia para el aprendizaje y la vida tiene un gran potencial. Pero la mejor consideración para este proyecto es su durabilidad. Durante todo el tiempo que el árbol viva, así vivirán los recuerdos y lecciones asociadas con él. He aquí algunas ideas para sembrar su árbol en familia.

Del crecimiento de las cosas pequeñas Visite un vivero local y determine qué tipo de árbol será mejor para su jardín o lugar asignado. El ciclo de vida de un árbol joven debe estar entre los quince y veinte años.

Planee una ceremonia de siembra del árbol y consiga la colaboración de todos los miembros de la familia que sea posible en la excavación y siembra del mismo. Todos deberán tener la oportunidad de rellenar con algo de tierra el hueco del árbol en el proceso de plantarlo. Elija un lugar en donde el árbol se pueda ver y disfrutar.

Junto con su hijo póngale un nombre al árbol.

Use el árbol como una herramienta educacional haciéndole a su hijo preguntas relacionadas con el ecosistema. A medida que el árbol crezca, también él tendrá algunos amigos y experimentará cambios. Pregunte:

- ¿Qué animales viven cerca, alrededor o en el árbol?

- ¿Qué insectos has visto?

- ¿Qué relaciones con su ambiente lo ayudan a crecer?

- ¿Qué factores afectan al crecimiento del árbol?

- ¿Qué pasa con el árbol cuando cambian las estaciones?
- ¿Qué es lo que hace crecer al árbol?
- ¿Qué le sucede después de una tormenta?
- ¿Cómo se mantiene derecho?

Lecciones amistosas Saque analogías del árbol para discutir asuntos de la vida conforme el niño madure y crezca. Use el sitio del árbol como un lugar especial para hablar de asuntos y situaciones importantes con su hijo. Algunos temas bastante relacionados sobre la vida y analogías que podrían usarse incluyen:

- el importante sistema de arraigamiento de la familia, creencias, valores y convicciones que habrán de soste-nerlo a través de las tormentas de la vida.

- las estaciones de la vida, transiciones y nuevos creci-mientos.

- la necesidad del alimento, a fin de crecer física, mental, y espiritualmente.

- el diseño interdependiente de la vida, y la necesidad de reconocer las relaciones que son necesarias, saludables y útiles en contraste con las que podrían ser dañinas y afectar el crecimiento.

Como podrá ver, estas pocas analogías pueden ser el co-mienzo de un diálogo y aprendizaje significativo para usted y su hijo. La experiencia común de plantar un árbol y verlo crecer junto con él, puede proveer canales de comunicación que guían a discusiones de otros asuntos a través de los años. Este proyecto pone un nuevo giro en la categoría de las ciencias de la vida, y mi esperanza es que su hijo podrá retroceder en sus años venideros para ver el árbol y revivir las lecciones que aprendió cerca de él.

37 ♪ Eleve la magnificencia

La clase de ciencias del séptimo grado era una mezcla de dos partes de socialización y una de ciencia. Las clases del profesor Jones eran famosas por el número de películas educacionales que mostraba. Parecía que día por medio un estudiante del departamento audiovisual traía uno de los proyectores de cintas de la escuela al salón de clases. Y aunque podría pensarse que el profesor Jones estaba abandonando su responsabilidad de cultivar las mentes jóvenes, él cumplía con su trabajo en términos de las películas que seleccionaba.

Una de las películas combinaba caricaturas con fotografías reales de qué es lo que sucede cuando una bacteria extraña entra al cuerpo humano. De esta forma la movilización de los glóbulos blancos fue representada en movimientos de tropas y en ataques de bombas submarinas, y Julia y sus compañeros de clase recibieron el mensaje acerca del sistema de inmunización y cómo respondía. Los muñequitos de las caricaturas prepararon el camino para la reacción real de las células como se ven en el microscopio. Fue verdaderamente cautivador para ella. En la secundaria Julia estuvo más motivada para tomar biología y ciencias aplicadas y en la universidad tomó microbiología como materia optativa. La gratitud por su interés va para el profesor Jones.

Puede que los microscopios de un laboratorio no estén a su disposición y a la de su hijo, pero lecciones sencillas e igualmente interesantes están tan cerca de usted como su jardín o un parque cercano.

Microexploración   Lleve a su hijo a una tienda de regalos y novedades y compre una lupa.

Planee un viaje a un parque cercano o a alguna región en la que pueda levantar rocas o troncos y mirar lo que hay debajo. Si quiere quedarse cerca de casa, cree un pequeño ecosistema de su propiedad, dejando una sábana húmeda durante la noche en el jardín. Por la mañana levántela y vea lo que encuentra.

Usando la lupa, identifique los caracoles, hormigas, lombrices, insectos y cualquier otro miembro de la nueva colonia descubierta.

Complemente la excursión alquilando un video educacional de la biblioteca sobre insectos grandes y pequeños, que ilustre la vida en los reinos escondidos de la creación.

Conciencia ambiental   Aproveche la oportunidad para interactuar con su hijo sobre lo que ha descubierto y sacar analogías significativas para la vida y el vivir. Algunos temas pueden ser:

- la importancia de que cada miembro del ecosistema represente su parte.
- el útil empleo de cualidades del carácter y los dones individuales.
- la necesidad de tener cuidado de lo que puede ser dañino para la habilidad de crecer y contribuir al ambiente.

Es una verdadera maravilla cómo un mundo tan pequeño puede hablar tan alto si se toma el tiempo para detenerle, mirarlo y escucharlo junto con su hijo.

38 ♪ Despierte los sentidos

Cuando estaba en décimo grado, mi clase de confirmación en la iglesia adoptó como objeto de una lección qué significa caminar por fe y no por la vista. Toda la clase se distribuyó en pares para participar en una «caminata de fe». El concepto era sencillo. Una persona caminaría vendada y la otra la guiaría en el trayecto. El ejercicio forzaba al estudiante sin visión a confiar en la guía y dirección de su compañero. Lo que hizo mi caminata más divertida fue que mi compañero me guió para que usara otros sentidos como parte de mi experiencia. Partió una rama de pino y me hizo olerla; me hizo tocar cosas con mis manos para que me diera cuenta de mi ambiente.

Mi caminata de fe no sólo fue una buena ilustración acerca de la confianza en Dios, sino también una útil herramienta para hacerme pensar a través del uso de mis otros sentidos aparte de la vista. Mi compañero me preguntó si sabía dónde estaba, de acuerdo a las claves que me había dado en la caminata. Fue una lección que no olvidaré pronto porque era muy diferente a los estímulos que estaba acostumbrado en casa y en la escuela.

Con nuestra adicción cultural a la estimulación visual, este ejercicio puede ser un momento divertido para padres *e* hijos.

¿Dónde estoy?   Con el consentimiento de su hijo, planee vendarlo y llevarlo a un lugar especial con el fin de involucrarlo

en un ejercicio para sus sentidos. La meta es que descubra a dónde lo ha llevado. Posibles lugares podrían ser la playa, una granja, una vista elevada o el bosque.

Planifique una serie de preguntas y actividades sensoriales que le darán una clave del lugar en el que se encuentra. Pregunte:

- ¿Qué oyes?

- ¿A qué huele?

- ¿Cómo sientes el aire?

- ¿En dónde crees que estás?

Estas preguntas, combinadas con algunas experiencias de tocar deberán guiarlo en la dirección correcta.

Lleve una canasta con comida y haga de ese un día especial de viaje.

Aproveche el tiempo para explorar que se siente al no tener vista y el proceso de pensamientos que cada pregunta o estimulación producen.

Alerta y consciente   Una de las metas de este ejercicio es despertar en su hijo la capacidad de escuchar, oler y tocar, pero también aprender a valorar el don de la vista. Una segunda meta es ilustrar que hay otros medios de descubrir soluciones al usar sentidos distintos al de la vista.

39 ♪ Triunfadores

Hay un lugar especial en nuestro corazón para quienes allanan los obstáculos en su camino al éxito. Las situaciones imposibles dan vida a triunfos inconcebibles que resultan historias increíbles. Estas historias nos hacen sentir bien, nos dan esperanza y fortalece nuestra determinación de perseverar. En estos dramas humanos podemos ver lo que sucede cuando individuos ponen en práctica una actitud determinada a sus circunstancias y transforman su mundo en el proceso.

Cada uno de nosotros disfruta algo con estos triunfadores que es un tanto mágico. Me refiero a que todos tenemos esperanzas, temores y visiones de lo que puede o podría ser. En todo caso los ganadores nos inspiramos a triunfar, o nos emocionamos al disfrutar el gozo de su triunfo. Aunque el sentimiento no dura mucho, todas las barreras son vencidas y aplaudimos su esfuerzo como si hubiéramos conocido sus historias toda la vida. Esto es tomar conciencia de la familia humana y estar concientes que nos permite participar en el logro de otra persona.

No está fuera del juego de pelota   Esteban Palermo es alguien a quien la gente de nuestro país está mirando. Esteban, uno de los más respetados árbitros de las Ligas Mayores del béisbol se está rehabilitando después de haber perseguido a su asaltante, quien consecuentemente le disparó. El disparo dejó la parte inferior de su cuerpo casi totalmente paralizada. Aunque la bala dañó los nervios cruciales del movimiento de sus piernas, esta no logró afectar su voluntad. La meta de Esteban es barrer la almohadilla de «home» uno de estos días y jugar su victoria con las palabras: «¡Que empiece el juego!» Sorprendentemente, va en camino. Nos está enseñando unas valiosas lecciones a partir de su dolor privado. Si esta clase de historias inspiran a los adultos, piense en cómo podrán inspirar y afectar a un niño.

Visita al héroe   Planee una visita a una clínica o escuela de terapia física. Debe tomar en cuenta lo apropiado de la edad de su hijo, y como regla general asegúrese que no se sienta marcadamente incómodo cerca de individuos con impedimentos físicos.

Si es posible, haga los arreglos para que su hijo entreviste a un paciente y acompañe a la persona en el transcurso de su sesión terapéutica, o haga que su hijo participe en una clase o sesión de entrenamiento.

Haga una cita con una instructora o estudiante para discutir sobre los pacientes, y qué es lo que hace falta para triunfar y tener éxito con ciertas incapacidades. Pregunte cuál es el aspecto más gratificante del trabajo de los terapeutas.

Discuta con su hijo algunas actitudes clave que ayudan a la gente a vencer los obstáculos para sobresalir en la vida sin importar sus impedimentos.

Todo depende de la actitud   En muchas de las ocasiones creemos que estamos en contra de algo, pero en realidad ese algo no es contra lo que estamos luchando. Usualmente hay un camino, y nuestras actitudes habrán de proveer el margen de la victoria. Si lee acerca de la gente que ha sido de mayor influencia en los distintos campos y ocupaciones, descubrirá que la mayoría tuvo fracasos en su camino hacia la meta. Poner a su hijo en contacto con actitudes ganadoras, especialmente a través de la dificultad, puede ser una gran motivación para los momentos críticos de su vida.

40 ♪ ¿Gigantes de la computadora?

Eduardo tenía treinta y dos años cuando tocó por primera vez las teclas de una computadora. Antes de ese día insistía siempre en escribir las cosas en una libreta, y usaba hojas de trabajo de contabilidad de sistema manual. En el proceso evitaba usar el nuevo sistema de computadoras de la compañía. A pesar de que Eduardo tenía buenos argumentos para continuar haciendo las cosas a la manera antigua, la verdadera barrera era su miedo a fracasar.

Mucha gente encuentra un cierto nivel de comodidad en participar de actividades en las que los resultados son previsibles. Las motivaciones básicas son muy simples. Significa que las probabilidades de fracaso, de rechazo, de humillación, y los sentimientos que acompañan a todo esto se reducen si eligen una actividad en lugar de la otra.

El hacer lo que intelectual, emocional o espiritualmente nos gusta hace difícil que experimentemos verdadero crecimiento. En la vida, el dolor y el riesgo son los amigos íntimos del crecimiento y el desarrollo. En muchas ocasiones hemos sentido que estamos perdiendo antes de ganar algo. Y la gente que tiene el valor para ir más allá de sus sentimientos, para esforzarse más allá de sus límites, con frecuencia descubren que el monstruo que habían creado, en realidad no era más que un espantapájaros.

El premio del espantapájaros Para mucha gente la sola idea de aprender cómo funcionan las computadoras es una montaña que no están dispuestos a escalar. Por cualquier razón lo evitan y nunca descubren una poderosa herramienta que puede ayudarles enormemente en el trabajo o en la casa. Con los avances en la tecnología, el miedo de aprender a usar una computadora se gana el premio del espantapájaros. Las computadoras hoy en día no sólo son más sencillas de usar de lo que eran antes, sino que ayudan a la gente, especialmente a los niños, al desarrollo matemático, de lectura, de lógica, de resolución de problemas, de memorización y de habilidades de vocabulario. Una computadora también puede ser un foro que nos conecte con habilidades y dones únicos, gracias a las muchas aplicaciones que van desde el arte hasta la zoología.

Hágalo Inscriba a su hijo y, si es posible o de beneficio, usted también, en una clase de computación durante el verano. Aprender computación básica en un ambiente no amenazador ni competitivo puede ser placentero para su hijo de la misma manera que puede mejorar varias destrezas de aprendizaje. Trata de elegir clases que ofrezcan grupos pequeños de aprendizaje en los que pueda recibir atención individual. Muchas clases para niños ofrecen cierto grado de diversión paralelo a su instrucción, lo cual ayuda a mantener el proceso de aprendizaje vivo. Su hijo habrá así adquirido una ventaja en el mundo de alta tecnología de hoy y aprenderá que el crecimiento es posible cuando se está dispuesto a asumir el riesgo del fracaso.

41 ♪ Un diseño especial

En cuarto grado Alan caminó por los salones de la escuela admirando las obras de algunos de sus compañeros de clase. Las misiones españolas le parecían tan reales. Se habían construido usando cubos de azúcar para formar las paredes, los techos eran de regaliz y las puertas y cercas de palitos de helados. Era incomprensible para él que también estaría construyendo algo similar el próximo año escolar. Y lo que había comenzado como un pensamiento ese día llegó a ser realidad en quinto año cuando Alan reconstruyó la Misión San Juan Bautista usando aquellos mismos elementos.

Pensar en grande Muchas veces las visiones personales de los grandes empresarios se llevan a cabo en servilletas, en la parte posterior de un papel usado, o en libretas legales y en los momentos más extraños e improbables. Más sorprendente aun es ver dónde inician estos planes de papel y dónde pueden terminar. Lo que surgió en la mente de alguien en la forma de una idea o un concepto puede evolucionar con el tiempo en proyectos multimillonarios, en miles de empleos, bienes y servicios y significativas contribuciones a la sociedad.

Ayudar a su hijo a diseñar y desarrollar algo lo enfrenta al proceso dinámico de llevar a cabo las ideas.

El juego del arquitecto   Explore con su hijo como sería para él la ciudad, la casa, el cuarto de juegos o el palacio de sus sueños. O puede explorar estructuras únicas de la antigüedad y descubrir qué estilo atrae más a su hijo. Pregúntele:

- ¿Cómo se vería por fuera?

- ¿Dónde lo construirías?

- ¿Cómo lo visualizas?

- ¿Cuántos cuartos u otras cosas tendría?

Siéntese y dibuje algunos borradores con él para lograr una idea de lo que realmente tiene en mente.

Después de ver algunos de sus bocetos ayúdelo a producir una versión final.

Planee un viaje de investigación a las oficinas de alguna firma de diseñadores o ingenieros a través del departamento de relaciones públicas y averigue si algún ingeniero puede poner en algo visual la versión de su hijo.

Con algunos elementos sencillos construya un modelo a escala de la estructura junto con su hijo.

Este ejercicio puede ser una catálisis positiva para proyectos futuros y modelo para su hijo de cómo puede darle vida a una idea o concepto y llevarlo a buen término.

42 ♪ En su granja tiene una vaca

Cuando Elena era niña, pasaba mucho tiempo con su mamá. Muchas veces eso significaba ir a la tienda de comestibles, almacenar la comida en los estantes de la cocina, así como llenar los tres refrigeradores (es evidente que era parte de una familia grande). Siempre parecía que no había pasillo que no hubiera desarreglado, y que ella y su madre llevaran casi una cosa de todo lo que había en la tienda en el carrito o carritos de supermercado. La ya veterana en varios cientos de viajes al súper, percibía la comida no por su importancia para el menú, o por lo que le gustaba o disgustaba. Para Elena, la comida se asociaba más bien con colores y envolturas.

Si abría la alacena o el refrigerador y cierto paquete, recipiente, o caja no estaba allí, esa comida no existía. No había la posibilidad de que pudiera venir en una forma diferente del paquete con el que ella la asociaba. Quizá por eso se desilusionó un día cuando un amigo le preparó un emparedado de mantequilla de maní con mermelada usando las conservas que su mamá había preparado. Ella se dijo a sí misma: «la mermelada no viene en un frasco como este. Aunque se ve como mermelada». La confusión de Elena residía en el hecho de que ella siempre había visto el producto terminado y nunca el proceso de cómo se producía la comida.

El proceso Ese día aprendió que había mucho más que hacer para preparar mermelada que el simple llenar el frasco. Descubrió que la mamá de su amigo tuvo que recolectar las moras, añadir otros ingredientes y pectina, y almacenar la jalea por cierto tiempo antes de que pudieran usarla. Desde ese día en adelante nunca volvió a mirar un frasco de mermelada de la misma manera. Elena se dio cuenta en cierto momento de que alguien había tenido que recolectar las fresas, uvas o duraznos para hacer la mermelada.

Bueno, la leche no se da en cartones tampoco y su hijo disfrutará aprendiendo acerca de ello y viendo el proceso que va desde el pasto hasta el vaso.

¡Cómo! ¿De la vaca? Consulte el directorio local de industria y comercio, y localice una fábrica de productos lácteos. Llame y pregunte por el horario de visita a la división de ordeño.

El día de la visita lleve a su hijo a que vea algunas vacas rumiando en el campo y hágale ver el inicio del vaso de leche que se tomará esa noche con la cena.

Haga la siguiente parada en la pasteurizadora, y siga el proceso desde el rumiar de la vaca hasta el mostrador de empacado.

Después de su visita, vayan a la tienda de comestibles y vean la sección de lácteos con nuevos ojos. Mientras esté ahí, compre un poco de crema pura. Cuando llegue a casa, enseñe a su hijo a preparar mantequilla. Úsela esa noche para la cena.

Aunque el proceso no sea de mucho interés para su hijo, el ponerlo en contacto con la producción de comida es algo con lo que se puede identificar fácilmente. De igual modo la vida es un proceso para su hijo, y puede investigar cómo crece la gente y cambia para bien cuando se ponen en práctica ciertas actividades y presiones.

Receta para la mantequilla

Para hacer mantequilla, simplemente vacíe la crema pura en un frasco vacío, séllelo, y agítelo por cinco minutos. La grasa de la mantequilla se aglutinará. Ahora quítele el agua lechosa y póngale sal al gusto.

43 ♪ Ensanche el globo

Cinco años menor que su hermano más cercano, Jorge recordaba haber pasado muchas horas absorto en las páginas de la revista *Geomundo*. Mientras que sus hermanos y hermanas estaban afuera haciendo cosas en las cuales él todavía no podía participar, Jorge estaba sacando mapas de tierras extrañas, tablas del sistema solar y la información de varias especies que estaba contenida en la revista. Sin molestarse por leer los artículos, volteaba las páginas con un verdadero interés en las fotografías y las descripciones de las actividades en las tierras exóticas con animales extraños y vistas maravillosas. Conforme iba expandiendo imaginariamente el mundo, casi no podía esperar la llegada de los números nuevos de la gruesa revista amarilla.

Trotamundos   Quién sabe hasta qué punto estos viajes imaginarios más tarde influyeron en los intereses de la vida de Jorge. Pero para el tiempo en que se graduó en la universidad, ya había visitado la mayor parte de Europa oriental y occidental en sus viajes de estudiante durante los veranos. En esos viajes realizó muchos de sus pensamientos y sueños de la infancia cuando tomó el tren a través de los Alpes, y tuvo la experiencia de conocer diferentes culturas. Finalmente se graduó de la universidad con un título de relaciones internacionales, y hablaba una segunda lengua con fluidez.

Antes de que se apresure a conseguir una suscripción de *Geomundo* (lo cual no sería una mala idea), permítame sugerirle un ejercicio con su hijo para sondear su interés, y al mismo tiempo que se divierta.

Viaje imaginario Vaya a la biblioteca con su hijo y busque un número de la revista *Geomundo*. Pídale que busque un país o un lugar al que le gustaría visitar.

Después de que haya determinado el destino, busque un atlas o mapamundi, y desde donde vive, organice un viaje hipotético hasta esta tierra extranjera. Planifíquelo.

Hable con su hijo acerca de lo que deberá hacer para prepararse a este viaje. Pregúntele:

- ¿Qué medio de transportación usarías?
- ¿Qué ropa será necesario llevar?
- ¿Qué es lo que está seguro de ver?
- ¿Qué idioma tendrás que aprender?
- ¿Qué tipo de dinero tienes que llevar?

Anímelo a que busque en una enciclopedia algunas de estas preguntas y más.

Consulte un bibliotecario para ver si hay algún video que muestre el lugar de interés o alquile una película sobre el país que haya elegido su hijo.

Un niño con visión Aprender acerca de culturas y gente diferente presenta al niño a otros miembros de la familia humana, y crea conciencia de su identidad y herencia. Lo más importante de esto es que se puede generar una educación e interés geográfico, y su vida será influenciada hacia posibles estudios y oportunidades fuera del país.

44 ♪ Acóplese a la vida

Las Escrituras registran, en el Antiguo Testamento, la historia de un hombre cuyos inicios fueron desfavorables. Este hombre no vino montando en un caballo blanco para liberar a Israel de las manos de los filisteos, ni calmó la ira de Dios para ganar la victoria. No, en realidad este gran rey fue una de las ocurrencias más grandes de todos los tiempos.

Último pero no menos Dios le dijo a Samuel que el próximo rey de Israel habría de venir de la casa de Isaí, y Samuel debía ir a ungirlo lo antes posible. Ávidamente preparó en Belén una reunión con Isaí y sus hijos. Y cuando Isaí presentaba con orgullo a su hijo mayor ante Samuel, el profeta estuvo seguro de que su misión había terminado. Pero entonces Dios corrigió a Samuel respecto a sus requisitos para el candidato: Dios dijo a Samuel: «No mires a su parecer, ni a lo grande de su estatura, porque yo lo deshecho; porque Jehová no mira lo que mira el hombre; pues el hombre mira lo que está delante de sus ojos, pero Jehová mira el corazón» (1 Samuel 16.7). Después de ver siete hijos de Isaí, Samuel estaba más lejos de encontrar a su rey que cuando había comenzado. Pero cuando indagó a Isaí acerca de otros candidatos de su familia, el avergonzado padre se percató de que había dejado fuera a su pequeño y rubio muchacho, a quien se le había asignado el cuidado de las ovejas de la familia mientras que el resto del clan venía a la fiesta. Su nombre era David, y cuando fue traído delante de Samuel, Dios le dijo: «Levántate y úngelo, porque éste es» (1 Samuel 16.12).

Su hijo debe saber que las cosas no siempre son como parecen. Esto es especialmente cierto en las ocasiones en que las circunstancias lo hacen sentir olvidado, de segunda clase, o aislado.

Metamorfosis Busque una oruga y construya usted y su hijo un hábitat temporario que puedan observar. Asegúrese de incluir algunas ramas de las cuales puedan hilar y colgar sus capullos.

Siga de cerca su proceso de metamorfosis de oruga a mariposa.

Discuta con su hijo asuntos personales relacionados con las circunstancias, los cambios, cómo las malas situaciones se pueden transformar en experiencias de aprendizaje benéficas si las dejamos y algunos aspectos de su vida donde se estén dando algunas formas de metamorfosis.

Junto con su hijo libere las mariposas, y mida sus sentimientos y respuestas en cuanto a lo que discutieron con anterioridad.

Lo que está sucediendo en el interior con frecuencia se pasa por alto. Si tiene éxito en fortalecer el interior de su hijo, él tendrá un fuerte sentido de identidad capaz de sobrevivir las tormentas inevitables.

45 ♪ Potencial floreciente

El primero de enero tiene un significado diferente para las personas. Para algunas significa temporada de fútbol. Para otras el comienzo de un plan para perder peso u otra resolución de año nuevo. Para muchas de las industrias marca el primer trimestre fiscal. Pero en ningún sitio este día es más especial que en la ciudad de Pasadena. Aquí significa el Desfile de las Rosas y el Tazón de las Rosas. Y mientras que otros desfiles y juegos ocurren a todo lo largo y ancho de la nación, estos dos acontecimientos se han convertido en el fenómeno más visto el primer día de cada año.

Alboroto Los elementos más fascinantes de la festividad son los carros alegóricos que desfilan por la calle repleta de miles de espectadores. Lo que distingue a estos carros alegóricos de todos los demás en el mundo es que son cuidadosa y meticulosamente hecho con flores reales. Pareciera que cada año los carros son más brillantes y deslumbrantes que los del año anterior. Su hermosa apariencia resaltada con los diseños de artistas e ingenieros es cautivadora y cada carro es sorprendentemente único.

La característica extraordinaria del desfile reside en la belleza natural, lo fascinante y la atmósfera de las flores combinadas con las cualidades sobresalientes de cada carro. Desafortunadamente el incalculable trabajo y energía invertidos duran sólo esas poquísimas horas en exhibición, y después termina. Las cámaras se apagan, los puestos se vacían y las flores se esfuman.

Los padres tienen mucho en común con los organizadores de los desfiles. Es su tarea común el extraer los elementos más atractivos de sus hijos y mostrarlos.

Debe hacer desfilar con regularidad las cualidades positivas de su hijo. A diferencia del Desfile de las Rosas, el siguiente ejercicio requiere un mínimo esfuerzo pero puede tener una influencia duradera.

Desfilar el carácter   Vaya con su hijo a un vivero para comprar una planta de flores o las semillas de una planta de flores.

Explíquele a su hijo que está seleccionando una planta que le hace recordar sus grandes cualidades de carácter.

Cuando plante el mismo, dedíquelo como un recordatorio y una representación de su hijo y de sus cualidades positivas que usted ha elegido.

Cuando las flores se abran, recuérdele a su hijo esa cualidad, y coméntele sus sentimientos respecto a su crecimiento como individuo.

Deje secar algunas flores y haga un arreglo para usarlas como decoración en el cuarto de su hijo para afirmar sus cualidades cuando la planta no esté florecida. Puede cultivar el potencial de su hijo plantando semillas de afirmación de forma constante.

46 ♪ Analice a la hormiga

A los finalistas del premio anual de los empresarios de la Inc. Magazine se les preguntó cuáles de sus cualidades habían contribuido más en su éxito como personas. Sus respuestas fueron expuestas antes de la presentación de la persona ganadora y se dieron similitudes muy notables. No obstante los finalistas representaban diferentes productos y servicios, sus respuestas contenían los mismos temas: diligencia y habilidad de enfrentar los retos.

Estas cualidades son transferibles para todos los aspectos de la vida y del crecimiento personal. Y si bien su hijo no está listo para una clase de principiantes en negocios, bien puede apreciar a una de las empresarias más admirables de la naturaleza. Proverbios 6.6-8 dice:

> Ve a la hormiga, oh perezoso,
> Mira sus caminos, y sé sabio;
> La cual no teniendo capitán,
> Ni gobernador, ni señor,
> Prepara en el verano su comida,
> Y recoge en el tiempo de la siega su mantenimiento.

Las hormigas como maestras Inicie una cria de hormigas y procese con su hijo qué se puede aprender de ellas. Los posibles temas a explorar pueden ser:

- son laboriosas.

- van más allá de las limitaciones que se ven.

- trabajan en equipo.

- vencen los obstáculos en su camino.

El niño como estudiante Después de discutir las cualidades positivas de estas increíbles criaturas, explore los aspectos de la vida de su hijo en los que podría aplicar alguno de estos temas que han tratado. En las posibles asignaturas podría incluir:

- tareas escolares.

- relaciones interpersonales en la escuela o en la casa.

- prácticas para mejorar sus habilidades.

- formas de vencer miedos o limitaciones percibidos por el niño.

Una imagen vale por mil palabras, y una cria de hormigas puede ayudarle a hacer más transferibles ciertas verdades que usted quiere enseñar a su hijo.

47 ♪ Haga una tarjeta postal

Los artistas legendarios trabajaban meticulosamente para representar el objeto de su más recientes afectos. A algunos los cautivó los escenarios naturales, a otros las historias bíblicas, y a muchos más el amor, la guerra y las personas. Los pinceles perezosos cobraban vida cuando la imaginación dormida era despertada con una visión o una realidad que movía al artista a crear.

Desde temprana edad a los niños se les enseña que jueguen con crayones, plumas o marcadores por varias razones. Ya sea que el niño esté garabateando un mantel individual de un restaurante o coloreando entre líneas o dibujando la interpretación artística de un objeto, el ejercicio es una de las pocas cosas que puede hacer que le permite ser creativo. Y mientras que muchos padres tienen intenciones educacionales genuinas, muchos otros ven el colorear o dibujar como un medio de ventilar constructivamente (opuesto a destructivo) la energía creativa.

Sin embargo, a veces puede ser difícil generar interés en las tareas artísticas, dada la variedad de actividades en que los niños pueden participar en un día. ¿Por qué elegir el dibujo, el trazo o la pintura cuando pueden jugar con Juanito o Juanita, o prender la televisión y jugar con el Nintendo? Definitivamente, tratar de involucrar a su hijo directamente con ejercicios artísticos puede ser difícil. Esto es, a menos que él tenga un interés particular en cierta materia, objeto, animal o persona.

Estudio de campo   Lleve a su hijo a un museo, acuario, granja de animales, actividad atlética o algún otro campo que apele a sus intereses.

Determine qué objeto, persona, actividad o experiencia le interesa.

Desafíe a su hijo a captar el día en un dibujo o pintura. Puede relacionar la materia del trabajo con su entusiasmo previo en algún objeto o experiencia.

Ayúdele proveyéndole los instrumentos necesarios para colorear.

¿Garabatos ingeniosos o artista prometedor?   Pintar temas de interés con cierta regularidad tiene el potencial de evolucionar como habilidad. Los dibujos y las pinturas habrán de mejorar con la práctica y quizá alguna instrucción formal si el interés persiste. Pero ya sea que su hijo se convierta en uno que hace garabatos o en un Da Vinci, lo habrá puesto en contacto con el proceso de pensamiento de expresión creativa.

48 ♪ Ser tú mismo es estar de onda

Susana ha llegado temprano a una función vespertina de la escuela, y en su camino ve a un grupo de muchachos que hacen un corrillo al final de la calle. Reconoce a su amigo Kim de la clase de matemáticas, y decide ver qué sucede. Cuando llega hasta donde está el grupo, éste la invita a unirse a ellos para consumir drogas. Todos, incluyendo a Kim, están participando. ¿Hará Susana lo correcto?

En la cultura de hoy, ser diferente puede ser tanto positivo como cruel. En el afán de parecer o actuar diferente, han surgido modas o comportamientos que tienen algún sello cultural de aprobación dentro de ciertos círculos, dependiendo de la edad y la agrupación social. Inevitablemente, las definiciones de lo que significa *estar de onda* varían, pero es constante la presión ejercida sobre los jóvenes a fin de que se asemejen a sus pares. Durante estas etapas, estar en onda se convierte en algo cruel si una persona joven física, social o moralmente aterriza fuera de los comportamientos y las actitudes predominantes. Las experiencias de «pasar por el fuego» son difíciles para los niños. Los padres les harán un favor ayudándoles a desarrollar convicciones personales que desvíen el asalto a su identidad por fuerzas culturales no perceptibles pero muy presentes.

Participe de la contienda Puede discutir estos asuntos con su hijo, pero las palabras y el diálogo no son cerillos para encender una experiencia poderosa. Si puede directamente formar en su hijo sentimientos y convicciones a través de una experiencia, es más factible que pueda traer su experiencia a la batalla. El siguiente ejercicio es un canal creativo que puede ayudar a su hijo a procesar algunas de estas presiones a través de la representación dramática del papel.

Actuar Elija un animal con una cualidad o característica sobresaliente que le cause problemas.

Asigne a su hijo el papel de este animal. Juntos, pueden crear escenas para el animal que refuercen los principios de ser fiel a uno mismo y actuar de acuerdo con lo que para usted es importante.

Después de haber tenido una lluvia de ideas sobre algunos personajes y escenas, escriba y represente la obra con su hijo para que la vea su familia. Quizá quieran invitar a algunos amiguitos de su hijo para que vengan a la función.

Un ejercicio así proveerá a su hijo la destreza para lidiar con los problemas que después podrá usar y poner en práctica en la vida. Hacer que él represente el papel es una ventaja de aprendizaje cualitativo. Es el beneficio sencillo de la propiedad en contraste con el escuchar o mirar en forma pasiva.

49 ♪ Caja de logros

Lo mejor de los cumpleaños es que podemos expresarle a los demás lo que pensamos de ellos los otros 364 días del año. En muchos de esos «otros» días hay experiencias y especialmente logros que son memorables y dignos de reflexionar en ellos como parte de una celebración de cumpleaños. Y puesto que el año está en revisión, ¿por qué no revisar también los logros de su hijo en su cumpleaños?

Con bastante frecuencia los padres recuerdan a sus hijos sus deficiencias y los predisponen para fracasar de nuevo en el futuro. Su meta deberá ser recordarle a su hijo sus cualidades e incrementar las oportunidades de éxito en el futuro.

Sólo depósitos positivos Tome una caja de zapatos y haga una ranura para depósitos en la tapa.

Ponga una etiqueta en la caja con el nombre de su hijo y escriba en ella la palabra LOGROS.

Durante el curso del año escriba tanto los logros pequeños como los grandes, y deposítelos en la caja.

La semana anterior a su cumpleaños, comience a recopilar la lista.

El día de su cumpleaños lea la lista de sus logros.

Beneficios futuros   Este ejercicio habrá de construir la autoestima de su hijo, reforzará los patrones positivos de comportamiento, y establecerá una actitud de expectativa para lograr nuevas metas en el año venidero.

50 ♪ Correo casero

A la edad de diez años Burt podía contar con los dedos de una mano todas las cartas que había recibido por correo en lo que llevaba de vida. De manera que cuando decidió enviar un pedido de un programa de las Series Mundiales en respuesta a una oferta de televisión, el solo hecho de esperar recibir algo que tuviera su nombre impreso le llenaba de emoción. Habían pasado ya varias semanas, y en realidad hasta había olvidado que había hecho el pedido, cuando vio el sobre grande de manila encima de la mesa. Durante las horas siguientes revisó su programa como si se tratara del mapa de una mina de oro.

Eleve el espíritu Burt no es el único que ha pasado por esta experiencia. La mayoría de los niños tienen la misma reacción, sin que tenga importancia el contenido del paquete. ¿No le sucedió igual a usted? La poca frecuencia de recibir correo personal junto con la idea de abrir un paquete sellado impacta de entusiasmo el corazón de un niño. Si tan sólo el volumen del correo pudiera incrementar algún día.

No se requiere estampilla Elija dos días al mes en los que usted o su esposa se sienten a escribirle una carta a su hijo. El contenido puede ser casi cualquier cosa. Sin embargo, no debe escribir sobre asuntos negativos de la familia en su correspondencia para que él espere recibir una carta en el futuro.

Selle su carta en un sobre con dirección y póngala en la pila de correo de ese día.

Avise a su hijo que tiene correspondencia.

Si esto lo anima, sugiérale que escriba a otros miembros de la familia algunos de sus propios pensamientos de ánimo y aliento.

En su búsqueda de formas significativas con las cuales pueda animar a su hijo a fortalecer los valores que quiere legarle, el correo casero funciona para ambos intereses, los suyos y los de su hijo.

51 ♪ Hágalo, obténgalo

En la escuela secundaria las clases optativas más populares para los muchachos eran deportes y taller. Tomar taller significaba pasar la mitad del año trabajando con metal y la otra mitad trabajando con madera. Fue un sueño que se hizo realidad para Don. En la casa, el papá de Don tenía una mesa de trabajo grande e impresionante, que contenía cada herramienta imaginable, pero había un pequeño problema. La mesa de trabajo de su padre estaba bajo llave y Don rara vez tenía la oportunidad de explorar sus riquezas. Era como si los maestros de su escuela supieran que los jóvenes tenían un deseo latente por manejar herramientas.

Una habilidad en desarrollo   Todo el año fue Navidad en la casa de Don. El proyecto de cada semana se tornaba en un regalo para algún afortunado miembro de la familia. Lámparas y percheros salían del taller de estructuras metálicas, mientras que placas y cajas para lustrar zapatos salían del taller de madera. Por primera vez en su vida Don era capaz de crear algunas cosas que fueran completamente suyas, y aunque no lo decía, el orgullo era evidente. Al hacer los distintos proyectos también estaba aprendiendo dibujo, equipo de poder, seguridad ocupacional, diseño de costos, y otras consideraciones sobre proyectos. En otras palabras, estaba aprendiendo una destreza con muchos conceptos transferibles y aplicables a otras tareas.

Desafortunadamente, el taller terminó junto con la secundaria. El interés todavía estaba allí, pero la preparación para los cursos de la universidad hizo del taller de secundaria un lujo que Don no podía costearse. Sin embargo, sus padres no iban a dejar que el interés de su hijo muriera en la vid si el quería continuar trabajando con sus manos.

Un interés autorizado   Los padres de Don le preguntaron si estaría interesado en continuar su actividad de taller en la casa.

Como Don respondió positivamente, sus padres abrieron una cuenta de crédito para él en la tienda local de materiales, permitiéndole suplir lo que necesitaba para completar nuevos proyectos.

Establecieron reglas muy claras respecto a la cantidad de dinero por mes que Don podría gastar, y se reunieron con el dueño de la tienda para ponerlo al tanto de los parámetros de su acuerdo.

El padre de Don abrió su mesa de trabajo para que su hijo la usara, con la condición de que fuera en forma responsable o perdería el privilegio de usarlo.

Una inversión sabia   ¿En qué área tiene su hijo un interés real que podría conducir a la construcción de una destreza? Este es sólo un ejemplo que se puede fácilmente poner en práctica en tiendas de manualidades o en librerías. La meta del ejercicio es animar a trabajar en intereses concretos.

52 ♪ El escenario está listo

Aunque Cristy tiene ya veintiséis años recuerda su primer viaje al teatro con gran entusiasmo y muchos detalles. Sus padres la llevaron a la obra de teatro *Evita* en Broadway y le permitieron participar en una actividad regularmente reservada para adultos. La combinación inspiradora de una producción de escenario, y los hechos divertidos que planearon en torno a esto hace un placer el recordarla. Todo el mundo se vistió para la ocasión, y la familia fue a cenar antes del espectáculo. Las multitudes, el teatro, las luces, y también los actores ejecutaron su magia a la perfección. Con razón fue un hecho emocionante ante los ojos de una adolescente de doce años.

Este viaje tiene todos los elementos de calidad de tiempo. Puede adoptar esta idea y llevarla más allá, añadiendo un par de actividades al principio y al final de la experiencia. La meta es despertar el entusiasmo de su hijo y su interés con el fin de identificar las habilidades y ocupaciones potenciales en el área de las artes teatrales.

A las puertas del teatro   Compre boletos para una producción escénica. Como norma, seleccione producciones con historias sencillas, no abstractas o para adultos. Dependiendo de su presupuesto, una presentación de matiné puede ser un ahorro en costos.

Pregúntele a su hijo si le gustaría acompañarle y anote con él la fecha en el calendario para comenzar a motivarlo.

En los días previos al espectáculo, visite la biblioteca con su hijo para ver la obra escrita y busque un libro que hable acerca del teatro o la actuación. La meta es plantar semillas que habrán de surgir a la vida en la presentación.

Planee una comida o cena especial para marcar la ocasión.

Participe con su hijo de la forma más completa que se pueda en la producción.

- Compre un programa para él.

- Discuta los actos en el intermedio, su escena favorita, los personajes, etc.

- Lleve unos binoculares para que los use en el espectáculo.

Unos días después del espectáculo sondee el interés en tomar algunas lecciones introductorias de actuación en base a su evaluación de la experiencia.

Haga planes para ir a una representación teatral con su hijo una vez al año en el mismo estilo.

Apunte a los intereses   El teatro pone a los niños en contacto con la actuación, danza, música y producciones teatrales. Esta experiencia tiene el potencial de levantar un interés en una de estas áreas, y le puedes ayudar para que siga adelante proveyéndole el siguiente paso.

♪ Gozo en el camino

¿Hay alguna confianza más sagrada que la de haber recibido la oportunidad de ayudar a formar y educar a un ser humano? El solo pensamiento de esto es asombroso, y debe hacer una pausa diaria que le recuerde la magnitud y las consecuencias de sus opciones y cómo estas afectan a su hijo. Pero en lugar de vivir en constante miedo, o martirizando sus años como padre en nombre del autosacrifico, descubre un abundante gozo en el camino.

Entregarse por completo a su familia no eliminará que tenga algo de qué arrepentirse en alguna ocasión, pero en los momentos críticos de la vida de sus hijos se habrá ganado el derecho de hablar. Nada es significativo sin un contexto. Y el consejo de los padres es insignificante fuera del contexto de una relación fundada en experiencias vividas. Un niño sabe cuando no se le considera en un plan diario. Un niño se da cuenta cuando se le está tratando condescendientemente con palabras y promesas vacías.

En su libro *el doctor Dobson responde sus preguntas*, el sicólogo Jaime Dobson establece la necesidad de que pase tiempo con su hijo: «Las vidas sobrecargadas producen fatiga, y la fatiga produce irritabilidad, y la irritabilidad produce indiferencia, y la indiferencia se puede interpretar por un niño como una falta de afecto y estima personal genuinos».

Mi esperanza es que usted habrá de *encontrar el tiempo* para alguna de las actividades que he sugerido y que podrá experimentar sólidos resultados. Si este libro le aguijonea para probar algunas otras actividades, mi pequeño esfuerzo se habrá recompensado.

www.ingramcontent.com/pod-product-compliance
Ingram Content Group UK Ltd.
Pitfield, Milton Keynes, MK11 3LW, UK
UKHW020812120325

456141UK00001B/73